De maneira inteligente e intencional,
gue nos conduzir à compreensão de que
são melhor se nos basearmos em princípios verdadeiros que vão nos ajudar a manter o equilíbrio físico, mental e espiritual. Na vida, podemos passar por momentos difíceis, mas, se estamos alicerçados nas coisas certas, os dias difíceis serão apenas pequenos obstáculos. Sinto-me privilegiado por falar não só da obra, mas também de um grande amigo que tem vivido para trazer a revelação do evangelho de Cristo às pessoas. Viva melhor lendo esse livro excepcional!

Arthur Pereira, pastor da Igreja do Amor, em Paulista, Pernambuco

Em *A arte da vida*, meu amigo e pastor Marcelo Bigardi nos encoraja a ter uma vida dedicada e equilibrada segundo a vontade de Deus. Com uma linguagem clara e objetiva, ele mostra, através da vida de grandes personagens bíblicos, como Davi e José, os princípios para se viver melhor mantendo o equilíbrio emocional, físico e espiritual.

Eduardo Pimentel, vice-prefeito de Curitiba, Paraná

Antes de morrer, é preciso aprender a viver. A vida é um lampejo — nosso mundo é efêmero, passageiro e transitório —, mas, nas palavras de Moisés a todo o povo de Israel, o homem encontrará vida em guardar os estatutos e mandamentos de Deus (Levítico 18:5). Nas páginas de *A arte da vida*, você encontrará um roteiro de como aproveitar sua existência fazendo a diferença no mundo.

JB Carvalho, teólogo, professor universitário, compositor, jornalista e escritor

Instintivamente o ser humano sempre buscou uma vida melhor para si e para os seus, uma característica que não é exclusiva da raça humana, pois até mesmo insetos e aves migram milhares de quilômetros em busca de uma vida melhor. É assim que o mundo e o ecossistema funcionam, todavia existem leis e princípios que podem nos ajudar nesta jornada, e você tem em mãos um verdadeiro manual, que te ajudará a ser mais efetivo nesta jornada. Meu amigo e irmão, o pastor Marcelo Bigardi nos ajudará nesta missão, abordando princípios para se viver uma vida saudável, focada e equilibrada! Leia o livro e ouça o autor, sua vida será muito melhor!

Carlito Paes, autor, conferencista e pastor-líder da Igreja da Cidade, em São José dos Campos, São Paulo

Bigardi vai além da motivação, na verdade tem sido uma inspiração para muitas pessoas, em especial líderes que querem sair da zona de conforto. Sua generosidade em compartilhar tudo que aprendeu constrange. O que recebeu em sua vida e ministério tem sido um presente para aqueles que têm acessado seus livros e ensinos. O que você vai encontrar nesse livro está além de uma lista do que fazer, antes é uma jornada que vai lhe inspirar a viver melhor.

Apóstolo Joel Pereira, fundador do Projeto Vida

Exemplo de vida cristã e uma grande referência de liderança para mim, o pastor Bigardi foi abençoado com uma capacidade única de tocar corações por meio de uma mensagem didática, extremamente aplicável e, acima de tudo, transformadora.

Hendel Favarin, cofundador da Escola Conquer

Sabemos que o exemplo não é apenas a melhor maneira de influenciar, mas a única. Hoje, Marcelo Bigardi é um dos líderes e estrategistas mais respeitados do Brasil justamente por viver tudo aquilo que ensina, seja como conselheiro, educador, empreendedor, escritor ou amigo. Tenho a alegria de desfrutar de sua amizade fiel há mais de uma década e posso afirmar de coração que o Biga é alguém plenamente habilitado para ensinar valores e princípios para uma vida bem-aventurada.

Davi Lago, professor no LABÔ/PUC-SP, conferencista e coautor dos livros *O evangelho da paz e o discurso de ódio* e *Arte e espiritualidade* (publicados pela Thomas Nelson Brasil)

Com muita alegria, mais uma vez sou surpreendido com uma obra tão especial: *A arte da vida: princípios para uma vida melhor,* de meu amigo Biga, Marcelo Bigardi. Alguém que já acompanho há muitos anos em suas diversas atribuições: pastor, empresário, marido, pai e líder.

Ele, além de vir realmente crescendo e se desenvolvendo em todas essas áreas, mostra seu espírito generoso ao compartilhar caminhos e estratégias para que outros possam ter o mesmo sucesso. Tenho certeza de que os princípios expostos nesse livro e os exemplos de fé que o autor usa através de grandes líderes da história judaico-cristã, se aplicados, vão ajudá-lo a obter não apenas crescimento, como também equilíbrio e alegria ao vencer todos os desafios de sua vida.

William Douglas, jurista, magistrado, desembargador federal e coautor do livro *Unidade perfeita: a vontade de Cristo para sua igreja imperfeita* (Thomas Nelson Brasil e GodBooks)

Marcelo Bigardi, para mim Biga, é um exemplo de liderança. Pastor, palestrante na área de desenvolvimento do ser humano e autor de mais de 30 livros, ele ajuda as pessoas a saírem da inércia, a vencerem o medo e a insatisfação e a explorarem seu potencial. Na verdade, o que o Biga faz é transformar vidas.

Seu novo livro, *A arte da vida*, sintetiza todo esse trabalho. Para ele, viver é uma arte que pode e deve ser aprendida. É fácil? Não. Sabemos disso. Todos passamos por problemas, por situações inesperadas e difíceis de serem resolvidas. Muitas vezes duvidamos de nós mesmos e questionamos nossa fé. O que Biga ensina em seu novo livro é que é possível enfrentar tudo isso com equilíbrio emocional, físico e espiritual.

A arte da vida é leitura obrigatória para quem, como eu, acredita na capacidade do ser humano de se superar e confia na promessa trazida ao mundo por Jesus: vida em abundância.

Carlos Massa Ratinho Junior, governador do
Estado do Paraná

A ARTE
DA VIDA

A ARTE DA VIDA

PRINCÍPIOS PARA UMA VIDA MELHOR

MARCELO BIGARDI

Thomas Nelson
BRASIL

Copyright ©2022, de Marcelo Bigardi

Todos os direitos desta publicação são reservados por Vida Melhor Editora LTDA.

As citações bíblicas são da Nova Almeida Atualizada (NAA), a menos que seja especificada outra versão da Bíblia Sagrada.

Os pontos de vista desta obra são de responsabilidade de seu autor e de seus colaboradores diretos, não refletindo necessariamente a posição da Thomas Nelson Brasil, da HarperCollins Christian Publishing ou de sua equipe editorial.

Publisher	*Samuel Coto*
Editor	*Guilherme H. Lorenzetti*
Preparação	*Daila Fanny*
Revisão	*Patrícia Costa e Virgínia Neumann*
Diagramação	*Tiago Elias*
Capa	*Rafael Brum*

Dados Internacionais de Catalogação na Publicação (CIP)
(BENITEZ Catalogação Ass. Editorial, MS, Brasil)

B145a
1.ed.
	Bigardi, Marcelo
	   A arte da vida: princípios para uma vida melhor /
	Marcelo Bigardi. – 1.ed. – Rio de Janeiro: Thomas Nelson Brasil,
	2022.
	   192 p.; 13,5 x 20,8 cm.
	
	   ISBN : 978-65-56893-05-1
	
	   Desenvolvimento pessoal. 3. Equilíbrio emocional.
	4. Espiritualidade. 5. Vida cristã. I. Título

08-2022/167	CDD 248.4

Índice para catálogo sistemático:
1. Vida cristã: Cristianismo 248.4
Bibliotecária: Aline Graziele Benitez CRB-1/3129

Thomas Nelson Brasil é uma marca licenciada à Vida Melhor Editora LTDA.
Todos os direitos reservados à Vida Melhor Editora LTDA.
Rua da Quitanda, 86, sala 218 — Centro
Rio de Janeiro — RJ — CEP 20091-005
Tel.: (21) 3175-1030
www.thomasnelson.com.br

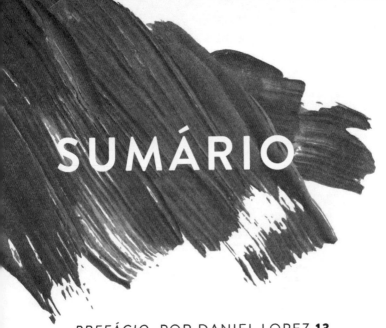

SUMÁRIO

PREFÁCIO, POR DANIEL LOPEZ **13**
INTRODUÇÃO **15**

CAPÍTULO 1
VIVENDO ALÉM
DAS CIRCUNSTÂNCIAS **19**

CAPÍTULO 2
SUPERE OS
DESAFIOS **37**

CAPÍTULO 3
SÓ VENCE NA VIDA
QUEM É INTENCIONAL **51**

CAPÍTULO 4
A PERSPECTIVA CORRETA
CONDUZ A UMA VIDA MELHOR **65**

CAPÍTULO 5
RECUPERANDO O
DOMÍNIO PRÓPRIO

81

CAPÍTULO 6
ENTENDA SUA
SINGULARIDADE

99

CAPÍTULO 7
O PAI
TÁ ON!

111

CAPÍTULO 8
NÃO
DESANIME!

127

CAPÍTULO 9
ATITUDES QUE FAZEM
A DIFERENÇA

141

CAPÍTULO 10
PROTEJA O
SEU FUTURO

155

CAPÍTULO 11
A ORAÇÃO MAIS
PODEROSA DA TERRA

169

CONCLUSÃO **187**

PREFÁCIO

Com o advento da inteligência artificial, muitos passaram a comparar a mente humana ao computador. Desde o famoso Teste de Turing, que testa a equivalência de uma inteligência artificial em relação à de um ser humano, aprendemos que é possível simular, no ambiente computacional, o raciocínio humano. Se o cérebro serviu de base para a criação das máquinas inteligentes, estas também podem oferecer inspiração para refletirmos mais profundamente sobre a consciência humana.

O computador envolve, no fim das contas, um grande sistema de regras para o bom desempenho do todo. Temos, por exemplo, o software (conjunto de instruções que controlam o funcionamento da máquina), a BIOS (Sistema Básico de Entrada e Saída, responsável pela inicialização do sistema e execução de tarefas imprescindíveis) e o próprio sistema operacional, que define qual programa utilizará o processador e por quanto tempo. Sem essas regras, tudo seria um caos completo, e nenhuma função poderia ser concluída.

A existência humana não é muito diferente. Sem clareza nos princípios ordenadores, a vida se transforma numa desordem incontrolável. Como nos computadores, precisamos conhecer e aplicar princípios que nos auxiliem a viver melhor. É exatamente isso que Marcelo Bigardi nos oferecer neste livro. Por meio de uma linguagem clara e instigante e a partir de exemplos bíblicos, o autor apresenta instruções para transformarmos nosso estilo de vida, construindo, assim, uma realidade mais plena, ordenada, produtiva e saudável.

Entre os princípios norteadores apresentados, destacam-se a intencionalidade, a perspectiva correta, a singularidade, a proclamação e a abnegação. Por meio deles, aprendemos como Davi superou suas angústias e frustrações, como José venceu a rejeição e a falta de perspectiva, e como o próprio Cristo superou as adversidades e concluiu plenamente sua missão.

Esta é uma leitura indispensável para todo aquele que ama buscar nas Escrituras códigos para o bem-viver, que reconhece a Bíblia não apenas como um texto religioso, mas também como um manancial para a vida, repleto de algoritmos para resolver todo e qualquer obstáculo.

Daniel Lopez, jornalista, teólogo, mestre e doutor em Linguística (UFF). É colunista do jornal Gazeta do Povo e autor de seis livros, entre eles, *Manual de sobrevivência do cristão no século XXI* (Vide Editorial)

INTRODUÇÃO

É muito bom estar novamente com você em mais um livro publicado pela Thomas Nelson Brasil. Após o primeiro livro, *O poder e o impacto de uma visão: o alfabeto de um líder*, e o segundo, *Da frustração à realização: passos para evitar o estresse e a decepção*, resolvi escrever este, que é o meu trigésimo primeiro livro e o terceiro publicado por esta editora. Nesta obra, abordarei princípios para se ter uma vida melhor. Acredito que saber viver é uma arte e, como toda arte, ela pode ser aprendida.

Em minha vida, tive essa experiência, pois, tanto no skate quanto nos grafites, não comecei sabendo tudo. No skate foram inúmeros tombos e tentativas, muitos "ralados", até que uma manobra fosse aprendida e repetida novamente.

A ARTE DA VIDA

Em minha experiência com os desenhos, não foi diferente. Quando comecei a desenhar, não tinha a técnica necessária para realizar um trabalho excelente. Porém, dia após dia, arte após arte, fui aprimorando-a até que ficou muito diferente da arte que fazia no início.

Jesus disse que veio para nos trazer vida e vida em abundância. Em Romanos 12, o apóstolo Paulo diz que, se tivermos nossa mente transformada, teremos acesso à boa, perfeita e agradável vontade de Deus. Sei que, em nossa vida, há inúmeros momentos difíceis e circunstâncias que nos fazem sentir que estamos muito longe dessa boa, perfeita e agradável vontade de Deus. Porém, se analisarmos bem os fatos, entenderemos que esse estilo de vida não será necessariamente uma vida sem pressões. Davi teve de se esconder em cavernas, José foi preso injustamente e Jesus foi condenado sem ter feito nada. Todos eles estiveram na perfeita vontade de Deus, e todos enfrentaram situações delicadas e injustas. No entanto, o ponto em comum entre os três homens citados é que estavam em paz durante esses períodos. Essa é a questão! Nem sempre viveremos dias tranquilos, mas precisamos estar em paz quando estivermos dentro dessas situações. Para isso, precisamos entender alguns princípios de vida que nos ajudarão a manter o equilíbrio, tanto físico como emocional e espiritual.

Acredito que uma vida equilibrada nos ajudará não só a continuar, mas também a terminar bem o que começamos.

> *Nem sempre viveremos dias tranquilos, mas precisamos estar em paz quando estivermos dentro dessas situações.*

INTRODUÇÃO

Que estas páginas possam ser de grande valia para sua vida.

Ótima leitura!
Com carinho,

Marcelo Bigardi

CAPÍTULO 1
VIVENDO ALÉM DAS CIRCUNSTÂNCIAS

Durante minha caminhada de vida, fui capaz de entender o poder do descanso em relação a uma vida produtiva e compreendi que todos nascemos para um propósito. No entanto, para cumprir esse propósito, precisamos estar bem nas três áreas que nos compõem: corpo, alma e espírito.

Também tenho aprendido que não tem como sermos criativos se estivermos cansados e esgotados.

Sou uma pessoa empolgada com a vida que tenho. Mas só consigo me manter firme e apaixonado por ela porque tenho aplicado alguns princípios que me ajudam a encarar toda crise através de um prisma superior.

Quando terminei de escrever este livro, estávamos no segundo ano de uma situação delicadíssima, mundialmente falando. Ninguém esperava uma pandemia chegar.

A ARTE DA VIDA

Todos, em algum aspecto, tiveram a vida impactada. No entanto, durante esse período difícil, eu fazia uma pergunta para quem estava me ouvindo: "Quando essa crise terminar, que história você irá contar?".

Sei que nenhum de nós conseguirá contar uma bela história caso não ignore alguns princípios básicos de vida. Desde o início da pandemia, eu falava sobre o poder dos pensamentos para se ter uma vida relevante. As notícias que recebíamos desde março de 2020 não eram boas. Foram tantas más notícias que muitos realmente desistiram de continuar sonhando. O excesso de informação desagradável fez com que muitos simplesmente pulassem do barco. Tinham perdido a força e a esperança, e se deixaram levar pelas circunstâncias.

Nem de longe fomos chamados para viver pelas circunstâncias. Fomos chamados para viver apesar das circunstâncias.

Aqui entra a questão: Nem de longe fomos chamados para viver pelas circunstâncias. Fomos chamados para viver *apesar* das circunstâncias.

Se esperarmos que todas as circunstâncias sejam favoráveis, provavelmente, jamais sairemos do porto seguro. Porém, tudo o que Deus quer é que você tenha fé para sair de uma zona confortável e ir rumo ao mar aberto, onde as ondas são grandes, mas a recompensa por vencê-las é enorme. Acredite, há muito mais nos esperando. Há promessas que Deus nos deu que ainda não foram cumpridas, e que ele deseja cumprir, basta darmos o passo de fé. "Deus não é homem, para que minta; nem filho de homem, para que mude de ideia. Será que, tendo ele prometido, não o fará? Ou, tendo falado, não o cumprirá?" (Números 23:19).

Deus não muda, e o mesmo é verdade a respeito de suas promessas. Mas o que acontece, muitas vezes, é que não suportamos as más circunstâncias e abandonamos o caminho que nos leva ao cumprimento de um propósito. Você precisa entender isso. Quando você nasceu, um propósito foi escrito e um plano foi elaborado a seu respeito: "Os teus olhos viram a minha substância ainda informe, e no teu livro foram escritos todos os meus dias, cada um deles escrito e determinado, quando nem um deles ainda existia" (Salmos 139:16). Você não é um erro, nem é o que os outros dizem que você é. Seja lá o que tenha ouvido que te arrastou para uma vida sem graça, te contaram a história errada, uma vez que "nem olhos viram, nem ouvidos ouviram, nem jamais penetrou em coração humano o que Deus tem preparado para aqueles que o amam" (1Coríntios 2:9).

Ninguém, a não ser Deus, sabe a verdadeira razão de você ter vindo ao mundo. As pessoas, e até mesmo você, podem achar que você não é ninguém, que sua vida foi um erro e que você está apenas passeando na terra. Mas essa não é a história verdadeira. Quando Deus planejou sua vida, ele também desenhou seu futuro e colocou tudo dentro de um embrião.

AS CINCO PERGUNTAS

Aqui entra a diferença entre as pessoas que passam pela vida vivendo acima das circunstâncias e aquelas que são guiadas pelas circunstâncias. Detectamos a diferença entre esses dois tipos de pessoas por meio de cinco perguntas. O primeiro grupo, o dos que vivem acima das circunstâncias, sabe responder a essas perguntas. O segundo grupo, daqueles que vivem guiados pelas circunstâncias, não faz nem ideia de como respondê-las.

Será que você terá as respostas? De qual grupo você faz parte hoje? A qual grupo quer pertencer?

1. QUEM SOU EU?

O que me difere das outras pessoas? Onde está o meu valor único? Essas são perguntas difíceis de responder.

Normalmente, não conseguimos responder a essa pergunta porque, muitas vezes, vivemos imitando outras pessoas. Nos vestimos como outras pessoas, falamos como outras pessoas, comemos o que as outras pessoas comem, passamos a vida querendo ser como as outras pessoas. Tudo isso porque não sabemos quem somos. A primeira pergunta que diferencia os dois grupos é, portanto, sobre *identidade*.

2. DE ONDE VENHO?

Os cientistas têm tentado responder a essa pergunta. A raça humana tem feito essa pergunta. É uma questão sobre a fonte da vida. Onde a vida começou? Ela foi planejada ou surgiu espontaneamente? Numa escala menor, nos perguntamos onde a *nossa* história de vida começou. Ela foi determinada pelas escolhas que nossos pais fizeram ou eles estavam debaixo de uma vontade maior? Essa segunda pergunta é sobre *origem*.

3. POR QUE ESTOU AQUI?

Você faz essa pergunta todos os dias a fim de compreender seu propósito. Qual é o objetivo da minha existência? Por que estou aqui neste planeta? Por que faço o que faço, vivo onde vivo, penso o que penso? A terceira pergunta, você pode imaginar, é sobre *propósito*.

4. O QUE POSSO FAZER?

Essa é uma pergunta sobre *habilidades*. No que sou bom? Que coisas tenho alegria em realizar, mesmo que não sejam simples? Qual atividade executo de todo o coração?

Infelizmente, muitas pessoas não reconhecem as próprias habilidades. Assim, vivem guiadas pelo que os outros dizem que elas sabem ou devem fazer, em vez de se dedicarem àquilo que elas realmente têm potencial e se desenvolverem nisso. Por outro lado, quando você sabe e entende seu dom, muitos tentaram jogar um balde de água fria em você. Por quê? Porque nossa cultura não nos permite maximizar nosso potencial.

5. PARA ONDE ESTOU INDO?

A última pergunta também é difícil, pois ela se refere a *destino*. Quem eu quero ser? Que legado quero deixar? Quais lembranças desejo que meus queridos tenham de mim? A resposta a essa pergunta, de certa forma, depende das outras quatro respostas. Não tem como você saber para onde está indo se não souber quem é (sua identidade), de onde veio (sua origem), o motivo de estar aqui (seu propósito) e o que pode fazer (suas habilidades).

A ARTE DA VIDA

Quando você entende alguns princípios elementares da vida, então consegue responder a essas perguntas. Consequentemente, as circunstâncias não ditarão mais a sua vida; você conseguirá caminhar acima delas. Se o mar não se abrir, você andará por cima dele, pois nada o impedirá de chegar aonde Deus disse que você chegaria.

OS PLANOS DE DEUS

Que princípios são esses que nos conduzem para uma vida acima das circunstâncias? Para falar sobre esses princípios, usarei dois personagens bíblicos que os aplicaram em sua vida e contarei aonde essa aplicação os levou. Na realidade, vou dar um *spoiler*: ambos não tiveram aprovação familiar nem receberam ajuda financeira. Eles possuíam todos os motivos para desistirem no meio do caminho, porém, por aplicarem os princípios que iremos estudar, saíram do anonimato ao cumprirem o propósito de Deus para eles.

> *Se o mar não se abrir, você andará por cima dele, pois nada o impedirá de chegar aonde Deus disse que você chegaria.*

Querido leitor, entenda isto: o propósito de Deus para sua vida é a coisa mais importante que você pode ter. É ele — e não família, passado, condição social ou financeira — que tem o poder para ditar as suas escolhas. É o que diz a Bíblia: "Há muitos planos no coração do ser humano, mas o propósito do Senhor permanecerá" (Provérbios 19:21). Essa palavra me mostra que seu propósito, leitor, é mais importante que sua intenção. Suas intenções podem

VIVENDO ACIMA DAS CIRCUSTÂNCIAS

mudar, mas seu propósito não, pois é Deus quem o determina.

Então, vamos estudar a vida desses dois homens e descobrir os princípios que os conduziram do anonimato ao propósito de sua vida.

PRINCÍPIO 1:
VISÃO

Visão é o primeiro princípio que precisamos aplicar para ter uma vida melhor. Por *visão*, refiro-me à capacidade de enxergar além das circunstâncias.

Acredito que tudo na vida tem a ver com a capacidade de enxergarmos além. Durante a pandemia, boa parte dos esforços da mídia foi para limitar o olhar da população. Não se falava de outra coisa a não ser das desgraças decorrentes da doença. Contudo, o mundo continuou girando, negócios continuaram a ser feitos e oportunidades continuaram a ser geradas. Nada disso ocupava as manchetes.

> Por **visão**, refiro-me à capacidade de enxergar além das circunstâncias.

Quem estivesse com o olhar preso nas circunstâncias não aproveitaria as oportunidades, que pareciam estar destinadas a um grupo seleto de pessoas.

Não podemos permitir que nos enganem. Essa ideia não é nova nem começou com a pandemia. Desde que o mundo é mundo, o Inimigo sempre quis tirar do ser humano a capacidade de enxergar além. Ele fez isso até com os anjos no céu. Durante muito tempo, me perguntei como

Satanás conseguiu convencer um terço dos anjos a abandonar tudo o que viam e viviam. Sabe qual foi a estratégia? Ela pode ser resumida nesta frase: "Tire a visão mais ampla de uma pessoa, mostre a ela apenas o hoje e as recompensas atuais". Na realidade, essa tática é tão boa que ele a continua usando até os dias atuais.

Nosso Inimigo deve ter dito aos anjos: "Para que adorarmos a um só Deus se podemos ser adorados como deuses?". Com Adão e Eva foi a mesma coisa. O Inimigo disse a eles: "Qual a vantagem de morar em um paraíso se vocês não podem comer a fruta da árvore mais vistosa do jardim?". A ideia é sempre essa: "Ei, não olhe muito além não! Pare com essa história de ficar sofrendo por algo que está além. Fixe seus olhos no hoje, no que você pode ver hoje e no que você pode fazer hoje". Parece uma estratégia esperta. Por que me preocupar com o que está além se não sei até quando estarei vivo? No entanto, esse é um pensamento perigoso. Quando a pessoa perde a capacidade de enxergar o amanhã, acaba tomando atitudes sem pensar muito nas consequências. Os anos passam, a vida continua e, uma hora, a conta irá chegar:

Alegre-se, jovem, na sua mocidade, e que o seu coração lhe dê muita alegria nos dias da sua juventude. Ande nos caminhos que satisfazem ao seu coração e agradam aos seus olhos; saiba, porém, que de todas estas coisas Deus lhe pedirá contas (ECLESIASTES 11:9).

Talvez você se pergunte se é jovem demais para enxergar além das circunstâncias ou se já é velho demais para recuperar sua capacidade de sonhar e resgatar sua visão. A Bíblia nos mostra que a capacidade de ver não está relacionada à idade:

E acontecerá, depois disso, que derramarei o meu Espírito sobre toda a humanidade. Os filhos e as filhas de vocês profetizarão, os seus velhos sonharão, e os seus jovens terão visões (JOEL 2:28).

Esse versículo do profeta Joel diz que não há idade para as pessoas sonharem e terem visões. Os mais experientes sonharão, assim como os jovens terão visões. Em outras palavras, em nenhum momento, pode-se dar a desculpa de que se é jovem demais para pensar no futuro ou velho demais para sonhar com algo diferente. A capacidade de ver além é dada por Deus, independentemente de quantos anos você tenha.

No entanto, a intenção do Inimigo é levar você a pensar diferente. Ele quer te fazer olhar só para o hoje e te levar a agir sem refletir nas consequências. Quantas pessoas dizem por aí: "Por que eu não ouvi meus pais? Por que eu não tomei uma atitude diferente?". Foram pessoas enganadas pelo Inimigo. Porém, mesmo elas podem voltar a ver além.

AS PRIMEIRAS AMEAÇAS AOS SONHOS

José teve um sonho (GÊNESIS 37:5).

José era muito jovem quando começou a sonhar. Diz a Bíblia que ele tinha 17 anos quando vieram os primeiros sonhos. Em um, estava com seus irmãos no campo, amarrando feixes de cereais. De repente, o feixe de José ficou em pé, enquanto os feixes dos irmãos ficaram em volta e se inclinaram, fazendo uma reverência. No segundo sonho, José foi mais ousado: viu o Sol, a Lua e onze estrelas inclinarem-se diante dele.

> *A visão sempre será atacada, e isso acontecerá logo no início, enquanto ainda for apenas uma imagem que está na sua mente.*

Seus irmãos o odiaram por causa desses sonhos; seu pai o repreendeu. Quem aquele menino achava que era? Mas José nunca se esqueceu do que viu. Seus sonhos tiveram o poder de sustentá-lo durante os difíceis dias que viriam.

Entenda que a visão sempre será atacada, e isso acontecerá logo no início, enquanto ainda for apenas uma imagem que está na sua mente. É isso que a história nos mostra.

Quando Deus teve a visão de libertar o povo de Israel da escravidão do Egito, Satanás agiu para acabar com os planos pela raiz:

> *O rei do Egito deu uma ordem às parteiras hebreias, das quais uma se chamava Sifrá e a outra se chamava Puá. Ele disse: "Quando vocês servirem de parteira às mulheres hebreias, verifiquem se é menino ou menina; se for menino, matem; se for menina, deixem viver". Então Faraó deu ordem a todo o seu povo, dizendo: "Joguem no rio Nilo todos os meninos hebreus que nascerem; quanto às meninas, deixem viver"*
> (ÊXODO 1:15,16,22).

A ideia era matar Moisés — o futuro libertador de Israel — enquanto ele ainda era um bebê indefeso. Vemos a história se repetir com Jesus, o Salvador da humanidade:

Vendo-se iludido pelos magos, Herodes ficou muito furioso e mandou matar todos os meninos de Belém e de todos os seus arredores, de dois anos para baixo, conforme as informações que havia recebido dos magos a respeito do tempo em que a estrela havia aparecido (MATEUS 2:16).

A mesma coisa! Satanás não perde tempo procurando novas estratégias. Em vez disso, ele age rapidamente: "Vamos eliminar essa visão de Deus. Vamos exterminar esses planos logo no início, matando os escolhidos enquanto não podem se defender".

Todo sonho que vem de Deus para sua vida e toda visão que ele tem colocado em seu coração serão fortemente atacados. Seu papel é proteger esse sonho. Para isso, você precisa entender como o Inimigo age e quais são suas estratégias de guerra. Quando compreender isso, ficará mais fácil proteger sua visão.

A CEGUEIRA DA INTIMIDADE

Quais armas devo usar? Entenda que o Inimigo usará pessoas próximas e íntimas para nos desmotivar. Vemos isso na vida de José e de Davi.

José teve um sonho e o contou aos seus irmãos; por isso, o odiaram ainda mais (GÊNESIS 37:5).

José era uma pessoa diferenciada e conseguia ver além, mais do que todos os seus irmãos. Eles, porém, em vez de entender que a diferença de José provinha de Deus, que fazia parte do propósito de Deus para José e para todo o mundo, julgaram-no e odiaram-no. Eles se sentiram diminuídos diante de alguém que tinha um sonho e um propósito.

O que aconteceu com Davi, séculos depois, não foi diferente. Vou contar a história. O profeta Samuel foi designado por Deus para visitar a casa de Jessé, um homem que tinha oito filhos. Um dos oito seria o futuro rei da nação de Israel.

O filho mais velho de Jessé parecia ser a escolha óbvia. Era forte, valente, guerreiro. No começo Samuel se deixou influenciar pela visão humana, que consegue ver apenas o que está na frente, e não o que está além:

> *Aconteceu que, quando eles chegaram, Samuel viu Eliabe e disse consigo: "Certamente está diante do SENHOR o seu ungido". Porém o SENHOR disse a Samuel: "Não olhe para a sua aparência nem para a sua altura, porque eu o rejeitei. Porque o SENHOR não vê como o ser humano vê. O ser humano vê o exterior, porém o SENHOR vê o coração* (1SAMUEL 16:6-7).

Com a visão realinhada, Samuel respondeu a Jessé: "Não é esse". E assim foram passando diante do profeta todos os filhos de Jessé, mas nenhum deles era o que Deus havia escolhido.

> *E perguntou a Jessé: "Esses são todos os seus filhos?"*
> *Jessé respondeu: "Ainda falta um, o mais moço; ele está*

VIVENDO ACIMA DAS CIRCUSTÂNCIAS

*apascentando as ovelhas". Então Samuel disse a Jessé:
"Mande chamá-lo, pois não nos sentaremos à mesa sem que
ele venha". Então mandou chamá-lo e o fez entrar. Davi
era ruivo, de belos olhos e boa aparência. E o Senhor disse
a Samuel: "Levante-se e unja-o, pois este é ele". Samuel
pegou o chifre do azeite e ungiu Davi no meio de seus irmãos*
(1SAMUEL 16:10-13a).

A Bíblia não nos conta como os irmãos de Davi olharam
para ele nesse dia. Porém, por meio de uma cena que aconteceu pouco tempo depois, conseguimos ter uma ideia do
ódio que sentiram. Os irmãos de Davi, todos mais velhos,
foram à guerra, enquanto ele ficava em casa cuidando do
rebanho. Seu pai o chamou e pediu que levasse comida aos
irmãos no campo de batalha.

Quando Davi chegou lá, deparou com um enorme soldado filisteu chamado Golias desafiando alguém do exército de Israel a lutar contra ele. Impactado com a cena, Davi
quis saber o que estava acontecendo e saiu perguntando.
Diz a Bíblia:

*Eliabe, o irmão mais velho, ouviu Davi falando com aqueles
homens. Ele ficou irado com Davi e disse: "Por que você veio
para cá? E com quem você deixou aquelas poucas ovelhas no
deserto? Sei que você é presunçoso e mau. Você veio aqui só
para ver a batalha" (1SAMUEL 17:28).*

Os irmãos de José e os irmãos de Davi não acreditaram
neles por causa da *intimidade*. A intimidade faz as pessoas

A ARTE DA VIDA

próximas ficarem cegas em relação ao nosso propósito. Nem mesmo os irmãos de Jesus acreditaram nele (João 7:5).

Os irmãos de José não entenderam o que o tornava diferente. Os irmãos de Davi não entenderam por que ele havia sido escolhido para ser rei. Os irmãos de Jesus, no início, não acreditaram em seus milagres nem em suas palavras. Todos eles diziam, de uma forma ou de outra: "Ei, quem você pensa que é? Você não é melhor do que nós! Você é só mais um".

Com isso, aprendi um segredo que tem me ajudado a proteger minha visão: Jamais compartilhe seus sonhos com quem não sonha ou sonha menos do que você. Ninguém é melhor ou maior do que qualquer pessoa, só temos visões diferentes e chamados específicos. Com exceção de Jesus, nem José nem Davi eram melhores ou maiores que seus irmãos. Eles tinham apenas uma visão diferente.

O erro acontece quando deixo de olhar para a visão que Deus me deu e começo a dar ouvidos para aqueles que estão ao meu redor. Isso é um perigo porque Deus não te perguntará se você foi fiel ao que sua família disse sobre você. A pergunta que ele te fará naquele dia é: "Filho, o que você fez com o chamado que eu lhe dei?".

> *Jamais compartilhe seus sonhos com quem não sonha ou sonha menos do que você.*

Quantos apresentarão desculpas nessa hora! Quantos dirão: "Ah, Senhor, não fiz nada porque ninguém me entendeu. Senhor, não tive apoio algum, por isso desisti. O Senhor entende, né? Ah, Pai, fui muito criticado, achei que

VIVENDO ACIMA DAS CIRCUSTÂNCIAS

eu tinha entendido errado a minha visão e achei melhor ouvi-los". Não, querido! Naquele dia, você será julgado pelo que Deus espera de você, e não pelo que as pessoas esperavam de você.

"Mas, Biga, as críticas vieram com muita fúria contra mim." Sim! Quanto maior a visão que você tem, maiores serão as críticas. Em vez de se deixar intimidar por elas, abrace quem lhe deu a visão. Isso criará dependência de Deus e intimidade com ele.

A INJUSTIÇA

José teve de enfrentar a fúria dos irmãos. Eles não só o entenderam errado como também o traíram. Prenderam José em um poço sem água e o venderam como escravo para uma terra distante.

O que fazer quando a injustiça te alcança? Quando ninguém te entende? O que fazer quando as pessoas mais próximas se viram contra seus sonhos? Nessas horas você tem duas escolhas: entender que a visão dada por Deus deve levar você a enxergar além das circunstâncias ou tomar decisões baseadas na afirmação das pessoas.

Já me disseram que o skate não era coisa de Deus para minha vida. Só que Deus usou o skate para me aproximar dele, para me dar uma família e um ministério. Já me disseram que eu não poderia me casar com uma menina de 16 anos. Porém, hoje, enquanto escrevo este livro, estou casado há vinte e dois anos. Já me disseram que o grafite não é uma profissão. Porém, com o grafite sustentei minha família durante catorze anos.

A ARTE DA VIDA

Já me disseram para não investir muito nessa história de livros porque eu não chegaria a lugar nenhum. Engraçado, né? Quantos livros já nasceram e quantas pessoas, que eu jamais conheci, foram impactadas e transformadas por essas palavras? Até agora já publiquei 31 livros. Já me disseram que essa ideia de andar com Deus seria fogo de palha. Graças a ele é um fogo que não se apaga há trinta e um anos. Deus foi fiel para me trazer até aqui com as visões que ele me deu lá atrás, e também será fiel com o que tem colocado em minha cabeça. Tenho dito às pessoas que elas não sabem da missa um terço. Compartilho muitas ideias nos livros e na internet, mas nada se compara às conversas que tenho com minha esposa e, principalmente, às visões que Deus tem me mostrado.

> *Se visão diz respeito a ver além das circunstâncias presentes, então não estou falando só do que iremos fazer da vida, mas de onde estaremos após essa vida.*

Você precisa aprender a proteger o que te faz único. Precisa proteger sua visão. E se visão diz respeito a ver além das circunstâncias presentes, então não estou falando só do que iremos fazer da vida, mas de onde estaremos após esta vida.

Se sua visão não te faz enxergar além desta vida, acredite, você está em apuros.

> *Se a nossa esperança em Cristo se limita apenas a esta vida, somos as pessoas mais infelizes deste mundo*
> (1CORÍNTIOS 15:19).

VIVENDO ACIMA DAS CIRCUSTÂNCIAS

Sua vida começa com uma visão. Seu propósito começa com uma visão. Se esforce para proteger os sonhos que Deus tem lhe dado e para confiar que, no momento certo, apesar da oposição, isso se tornará realidade.

A ARTE DE APRENDER

Neste capítulo, aprendemos que:

1. Deus não nos chamou para viver pelas circunstâncias. Ele nos chamou para viver apesar das circunstâncias.

2. Pessoas que vivem além das circunstâncias são capazes de dar respostas às cinco perguntas essenciais da vida:
   - Quem sou eu?
   - De onde venho?
   - Por que estou aqui?
   - O que posso fazer?
   - Para onde estou indo?

3. Visão é o primeiro princípio que precisamos aplicar para ter uma vida melhor. Visão é a capacidade de enxergar além das circunstâncias.

4. A intimidade pode ameaçar a visão. O Inimigo usa pessoas próximas e íntimas para nos desmotivar.

5. Para proteger sua visão, jamais compartilhe seus sonhos com quem não sonha ou sonha menos do que você.

A ARTE DE REFLETIR

1. Você consegue responder às cinco perguntas essenciais da vida? Qual delas é mais difícil?

2. Quando não se deixa limitar pelas circunstâncias, o que você vê? Quais são seus sonhos?

3. Quais pessoas próximas e queridas já atrapalharam, ou têm atrapalhado, seus sonhos? Qual será sua estratégia para lidar com elas?

CAPÍTULO 2
SUPERE OS DESAFIOS

Creio piamente na Bíblia. Creio que ela é a mensagem de Deus para a nossa salvação. Mas também creio que o objetivo de Deus para nós não é apenas nos salvar do inferno. A vida não é uma simples sala de espera. Acredito que Deus escreveu uma história para cada um de nós, e acredito que essa história não só está escrita como também precisa ser vivida. É o que me diz este versículo:

E não vivam conforme os padrões deste mundo, mas deixem que Deus os transforme pela renovação da mente, para que possam experimentar qual é a boa, agradável e perfeita vontade de Deus (ROMANOS 12:2).

Nem todo mundo acredita que Deus tem algo melhor para sua vida. São tantos desafios e tantas situações

A ARTE DA VIDA

delicadas que, para alguns, a sensação é de que Deus se esqueceu deles, que o mundo virou as costas para eles. Porém, quando investigamos a fundo, percebemos que essa pessoa está abrindo a mente para receber todas as palavras que estão no ar. Tenho dito muito sobre isso. Inclusive, é o conteúdo do meu livro *Mente blindada: o poder dos pensamentos para uma vida relevante*.

Acredito que seus pensamentos ditam sua conduta. Se você quer ter uma conduta vencedora, precisará cuidar do que ouve, mas principalmente do que deixa entrar em sua mente. O mau pensamento gera maus sentimentos e te conduz a viver pelo que você pensa: "Porque, como imagina em sua alma, assim ele é" (Provérbios 23:7, RA).

E por que palavras e pensamentos são tão poderosos? Como mencionei, o mau pensamento gera maus sentimentos, e estes o conduzem a ações negativas, que se expressam por meio de palavras ou atos. Você tem noção do quanto as palavras que diz são poderosas? Quantas pessoas não estão hoje com o futuro totalmente comprometido porque falam o que não devem? Como diz a Bíblia, "Amou a maldição: que ela o apanhe! Não quis a bênção: que ela se afaste dele" (Salmos 109:17).

Precisamos aprender a crescer, sobretudo a crescer em responsabilidade. Precisamos entender que Deus tem algo bom, perfeito e agradável para nossa vida, mas que ele não tem o compromisso de executar o que planejou se não praticarmos os princípios que nos conduzirão a essa vida melhor.

SUPERE OS DESAFIOS

PRINCÍPIO 2:
PREPARE-SE PARA OS DESAFIOS

Quando você entende o poder da visão — o primeiro princípio — e vê além das circunstâncias, inúmeros desafios se levantarão para impedir seu avanço. No capítulo anterior tratamos do início da história de Davi, um jovem pastor, caçula de uma família de oito filhos, todos guerreiros com exceção dele. Foi esse menino que Deus escolheu para ser o futuro rei de Israel.

A escolha de Davi para o assumir o trono da nação ilustra como Deus, muitas vezes, desconsidera costumes e tradições humanas para realizar seus propósitos. Segundo os padrões humanos, Davi, como filho mais jovem de Jessé, parecia ser o candidato menos provável para uma posição de liderança. Deus, porém, viu o coração desse jovem e sabia

Para superarmos os desafios que a vida nos impõe, precisamos ter um coração puro e bom.

que seu povo precisava de um líder com espírito dócil. Nisso, temos a primeira lição: para superarmos os desafios que a vida nos impõe, precisamos ter um coração puro e bom. Essa foi a oração de Davi ao longo de sua vida: "Cria em mim, ó Deus, um coração puro e renova dentro de mim um espírito inabalável" (Salmos 51:10).

O coração puro e bom é cultivado dia a dia. Além de pedirmos isso a Deus em oração, como Davi fez, também cuidamos do que entra em nosso coração, como falamos no início deste capítulo. A Bíblia nos orienta: "De tudo o que se deve guardar, guarde bem o seu coração, porque dele

A ARTE DA VIDA

procedem as fontes da vida" (Provérbios 4:23). Ou seja, nosso coração é o nosso maior bem, nosso maior tesouro. Jesus ensinou que é do coração que tiramos nossas palavras e atitudes: "A pessoa boa tira o bem do bom tesouro do coração, e a pessoa má tira o mal do mau tesouro; porque a boca fala do que está cheio o coração" (Lucas 6:45). Se você quiser ter boas ações, motivadas por bons pensamentos, precisa cultivar um bom coração. E você faz isso o protegendo de más influências.

O primeiro rei de Israel, antecessor de Davi, foi Saul. Mas o coração dele não estava à altura de sua posição. Deus disse que havia até mesmo se arrependido de estabelecer Saul como rei de Israel, "porque deixou de me seguir e não executou as minhas palavras" (1Samuel 15:11). Saul havia saído do plano divino. Ele se tornou orgulhoso de suas conquistas militares, sem nunca reconhecer que era Deus quem lhe dava vitória. Ele ficou tão arrogante que mandou construir um monumento em sua homenagem (1Samuel 15:12)!

Apesar do fracasso espiritual de Saul, Deus não desistiu do seu plano de estabelecer um rei para Israel. Ele disse ao profeta Samuel: "Encha um chifre de azeite e ponha-se a caminho; vou enviar você a Jessé, o belemita, porque escolhi um dos filhos dele para ser rei" (1Samuel 16:1).

Deus viu o coração de Saul e percebeu que ele não andava em retidão de espírito. Então, Deus olhou para Davi e contemplou um coração ensinável. Isso era mais importante do que as qualidades físicas de Davi. Se Deus quisesse um líder que se virasse por conta própria, que fosse capaz de liderar o exército na força do grito, os irmãos de Davi

SUPERE OS DESAFIOS

seriam melhores candidatos do que ele. Mas Deus tinha algo diferente, um plano que requeria um coração manso, em vez de uma aparência agressiva. Ele ensinou a Samuel: "Porque o SENHOR não vê como o ser humano vê. O ser humano vê o exterior, porém o SENHOR vê o coração" (1Samuel 16:7b).

Esse é um ponto muito forte. Ninguém valorizava o que Davi tinha. Acredite: aquilo que as pessoas não valorizam em você é exatamente o que Deus valoriza. Deus valoriza suas diferenças, pois ele não nos fez iguais. É nas nossas particularidades que Deus manifesta sua "multiforme graça" (1Pedro 4:10). Isso quer dizer que a graça de Deus não tem um formato só. Ela tem muitas formas, e cada forma se manifesta em cada um de nós. Por isso, o dom que eu não tenho está em alguém ao meu lado. Entenda isso para não se entristecer quando alguém atacar aquilo que te faz diferente. Não há dons nem talentos melhores ou piores, apenas talentos diferentes, e Deus usa todos eles.

O problema é que as pessoas nem sempre valorizam o diferente. Não sabem lidar com o diferente, e isso gera desafios para aqueles que veem além das circunstâncias. Foi o caso de Davi. O futuro rei de Israel precisou enfrentar três grandes desafios para viver o propósito que Deus tinha para ele.

1. DESAFIOS FAMILIARES

O profeta Samuel estava na casa de Jessé para ungir um dos filhos dele como futuro rei de Israel. Davi, o mais novo, não estava nem presente no banquete que seu pai havia

A ARTE DA VIDA

oferecido por conta da ocasião. Quando o Senhor dispensou os sete filhos mais velhos, Samuel pediu que chamassem Davi. Ele veio e, no meio de todos os irmãos, foi ungido pelo profeta (1Samuel 16:13).

Como foi dito no capítulo anterior, não sabemos de que forma os irmãos de Davi olharam para ele naquele momento. Mas conseguimos imaginar que o odiaram, por causa de uma cena que acontece pouco tempo depois.

Os três irmãos mais velhos de Davi estavam acampados por conta de uma batalha contra os filisteus, e Jessé pediu a ele que levasse comida para os irmãos. Quando Davi chegou ao campo de batalha, viu que Israel estava acuado em um canto por causa de um enorme guerreiro filisteu, Golias, que desafiava alguém a duelar com ele.

Davi quis entender por que nenhum dos notáveis guerreiros israelitas — incluindo seus irmãos e o próprio rei Saul — se prontificou para o duelo. Nisso, seu irmão mais velho, Eliabe, notou o irmãozinho perambulando pelo acampamento de soldados. Diz a Bíblia: "Ele ficou irado com Davi e disse: — Por que você veio para cá? E com quem você deixou aquelas poucas ovelhas no deserto? Sei que você é presunçoso e mau. Você veio aqui só para ver a batalha" (1Samuel 17:28).

Comentei no capítulo anterior que a intimidade pode ser um grande inimigo de quem tem visão, pois as pessoas próximas nem sempre conseguem enxergar o que só Deus consegue ver. Davi não estava ali com más intenções. Ele estava obedecendo a seu pai. Além disso, ele estava intrigado com o fato de um "filisteu incircunciso [afrontando] os

SUPERE OS DESAFIOS

exércitos do Deus vivo?" (1Samuel 17:26). A visão de Davi ia muito além: ele sabia que não precisava de nada mais do que o Deus vivo para vencer aquele gigante.

Davi enfrentou a oposição que seu irmão lhe fazia. Ele simplesmente respondeu a Eliabe: "O que foi que eu fiz agora? Apenas fiz uma pergunta". Depois "se desviou dele na direção de outro e fez a mesma pergunta" (1Samuel 17:29-30). Davi não se deixou intimidar pelo ódio do irmão. Ele seguiu no seu propósito.

Deus enxerga além do que estamos mostrando. Ele enxerga nosso coração. Ele via a sinceridade de Davi naquele campo de batalha, assim como a viu em outros momentos particulares. Foi pelo que só Deus poderia ver que Davi foi escolhido para ser rei.

2. DESAFIOS INTERNOS

Davi sabia que não era o mais alto nem o mais forte. Suas qualidades externas não condiziam com o seu chamado. Mas quem disse isso? Muitas pessoas querem a aprovação dos outros para cumprir um propósito divino, no entanto nem todo mundo irá entender, nem todo mundo irá bater palmas para seus talentos, nem todo mundo irá concordar com sua forma de pensar.

> *Deus enxerga além do que estamos mostrando. Ele enxerga nosso coração.*

Acredite, não é isso que Deus está procurando. Ele está procurando pessoas que estejam dispostas a serem transformadas por dentro e que tenham um coração diferenciado. Este é o testemunho que o próprio Deus dá a respeito de Davi: "Achei Davi, filho de Jessé, homem segundo o meu coração, que fará toda a minha vontade" (Atos 13:22).

O que é ter um coração diferenciado? É ter um coração que não se apega a situações externas, que não se apega ao tamanho dos gigantes e que não se apega à falta de capacidade física ou externa. É ter um coração que acredita que o Deus que o chamou é capaz de ungir, capacitar, enviar e respaldar cada ação, em nome de Jesus. É ter um coração sensível à voz de Deus. Mesmo que lá dentro uma voz esteja sussurrando para você: "Ei, você não é capaz! Você não tem capacidade para isso! Quem você pensa que é?", o coração que Deus está procurando é aquele que responde: "Não interessa como você me enxerga, eu creio que, se Deus me chamou, ele é capaz de fazer infinitamente mais do que eu vejo". Foi isso que o apóstolo Paulo ensinou: "[Deus] é poderoso para fazer infinitamente mais do que tudo o que pedimos ou pensamos, conforme o seu poder que opera em nós" (Efésios 3:20).

Querido, você não é o que dizem que você é, nem mesmo quem você pensa ser. Você é o que Deus diz que você é. E você é mais do que vencedor em Cristo Jesus, você é mais do que as pessoas dizem: "Em todas estas coisas, porém, somos mais que vencedores, por meio daquele que nos amou" (Romanos 8:37).

Davi acreditava que Deus daria vitória a quem se dispusesse a encarar o desafio. Você conhece a história: ele se armou de cinco pedrinhas e foi enfrentar o soldado Golias. O próprio Golias tentou intimidá-lo com palavras, tentando fazer Davi duvidar de si mesmo. "O filisteu olhou e,

SUPERE OS DESAFIOS

vendo Davi, o desprezou, porque era apenas um moço ruivo e de boa aparência. O filisteu disse a Davi: — Será que eu sou um cachorro, para que você venha contra mim com pedaços de pau?" (1Samuel 17:42-43). Mas Davi estava bastante seguro em Deus: "Você vem contra mim com espada, com lança e com escudo. Eu, porém, vou contra você em nome do SENHOR dos exércitos, o Deus dos exércitos de Israel, a quem você afrontou. Hoje mesmo o SENHOR entregará você nas minhas mãos. Eu o matarei, cortarei a sua cabeça e hoje mesmo darei os cadáveres do arraial dos filisteus às aves dos céus e às feras da terra. E toda a terra saberá que há Deus em Israel" (v. 45-46).

> *Você não é o que dizem que você é, nem mesmo quem você pensa ser.*

3. DESAFIOS COM AUTORIDADES

À medida que Davi foi enfrentando e vencendo os desafios familiares e internos, as pessoas começaram a perceber que ele era um vencedor. Então, vieram os elogios — o que também trouxe perseguição por parte das autoridades de sua vida:

> *E aconteceu que, quando eles estavam voltando para casa, depois de Davi ter matado o filisteu, as mulheres de todas as cidades de Israel saíram ao encontro do rei Saul, cantando e dançando, com tamborins, com alegria e com instrumentos musicais. As mulheres se alegravam e, cantando alternadamente, diziam: "Saul matou os seus milhares, porém Davi,*

*os seus dez milhares". Saul se indignou muito, pois estas
palavras lhe desagradaram em extremo. Ele disse: "Para Davi
elas deram dez milhares, mas para mim apenas milhares. Na
verdade, o que lhe falta, a não ser o reino?" Daquele dia em
diante, Saul não via Davi com bons olhos* (1SAMUEL 18:6-9).

A partir desse momento, Saul tentou matar Davi inúmeras vezes. Afinal de contas, para Davi ser rei, Saul teria que sair de cena. Apesar da oposição, Davi não perdeu o coração puro e bom. Um dia, Davi estava na presença de Saul, quando este teve uma crise de raiva. Ele estava com uma lança na mão e a atirou contra Davi, pensando "Encravarei Davi na parede". Davi não revidou, desviou-se por duas vezes (1Samuel 18:10-11). Em outra situação, Davi encontrou Saul desprotegido, e todos os seus amigos lhe disseram para matar o rei e tomar o trono, que já seria dele. Davi não quis fazer isso. Ele disse: "Tão certo como vive o Senhor Deus, ele mesmo o matará; ou chegará o dia de sua morte, ou, indo para a guerra, será morto em combate. O Senhor me livre de estender a mão contra o seu ungido" (1Samuel 26:10-11). Davi não desistiu do propósito, mas também não colocou tudo a perder para alcançá-lo. Ele confiava que, assim como Deus havia prometido, ele mesmo cumpriria, no tempo certo.

Era muita pressão, mas Davi a suportou. Ele foi o melhor rei que Israel já teve. Se você for a Israel, verá que ninguém quer visitar o túmulo dos outros reis, enquanto o de Davi está lá até hoje. Ele fez um trabalho incrível e deixou um legado incontestável.

SUPERE OS DESAFIOS

Como alguém que contava com tamanha oposição conseguiu superar cada desafio e vencer? Vou te contar o segredo. Se você entender isso, viverá tudo o que Deus tem te prometido. Se você entender isso, nada será impossível. Você está pronto?

DEIXE DEUS TRABALHAR

Quando Davi foi ungido, algo mudou dentro dele. Ninguém viu. Talvez, nem ele tenha percebido. Mas Deus estava agindo. Deus estava trabalhando *dentro* de Davi

O segredo para vencer os desafios é ter sua vida mudada por dentro!

Creio que Deus tem uma vida melhor para você. Deus tem uma visão específica e quer mudar sua história. Você precisa entender que não serão os desafios que te impedirão de entrar nessa vida. A única pessoa que pode te impedir de vivê-la é você mesmo. Pare e pense nisso por um instante. Nada pode destruir o ferro, exceto a própria ferrugem. Da mesma forma, nada pode destruir você, a não ser seus próprios pensamentos e ações.

> *O segredo para vencer os desafios é ter sua vida mudada por dentro!*

À medida que Davi era mudado interiormente, Deus movia as engrenagens para cumprir os propósitos divinos. Quando a família não acreditou nele, Davi se apegou a um Pai celestial que acreditava nele. Enquanto suas características físicas diziam "Você não foi feito para isso", Davi aproveitou cada oportunidade para desenvolver seu potencial. Ele era apenas um cuidador de ovelhas, mas enfrentou leões e ursos para defendê-las, e fez tudo com excelência. Mesmo quando foi levar comida para seus irmãos na guerra, Davi não abandonou suas obrigações. Ele deixou as ovelhas com um guarda e depois foi até o campo de batalha (1Samuel 17:20).

Quer cumprir um propósito divino em sua vida? Seja fiel e excelente com o que Deus colocou em suas mãos.

Lá no campo, diante do enorme desafio que era Golias, em vez de ficar com medo devido ao tamanho do oponente, Davi percebeu que a testa do gigante era proporcional à sua altura — uma enorme testa. Enquanto todo mundo viu que o inimigo era grande, Davi viu que a oportunidade de acertar a testa dele era enorme.

Quando Davi fugiu de Saul, que estava determinado a matá-lo, ele aproveitou para treinar um pequeno exército.

Davi retirou-se dali e se refugiou na caverna de Adulão; quando ouviram isso seus irmãos e toda a casa de seu pai, desceram ali para ter com ele. Ajuntaram-se a ele todos os homens que se achavam em aperto, e todo homem endividado, e todos os amargurados de espírito, e ele se fez chefe deles; e eram com ele uns quatrocentos homens (1SAMUEL 22:1-2).

Vemos que os primeiros aliados de Davi foram aqueles que antes o menosprezaram: seus irmãos e a família de seu pai. Eles reconheceram que Deus estava usando o irmãozinho para algo grande. Os outros que se ajuntaram a Davi não eram gente tão nobre: eram homens em dívida ou com um

SUPERE OS DESAFIOS

passado ruim. Não eram os melhores, mas Davi fez o melhor com o que tinha em mãos. Ele não deu desculpas, não criticou sua equipe e não olhou para as limitações. Davi soube olhar além. Ele teve visão e acreditou nos seus homens. Na realidade, era tudo o que eles queriam: alguém que acreditasse neles.

> *Quer cumprir um propósito divino em sua vida? Seja fiel e excelente com o que Deus colocou em suas mãos.*

Tudo isso começou quando Davi foi mudado por dentro. E como comentei, talvez nem ele tenha percebido o que acontecia dentro dele. Mas Deus viu o coração de Davi aberto e, então, mexeu no interior dele.

Deus tem um propósito incrível para sua vida, e tudo o que você precisa dar a ele é um coração disponível e disposto a ser mudado. Permita-se ser mudado por dentro. Talvez você não veja nem sinta nada, mas tenha certeza de que, se Deus notar sua disposição em ser mudado por ele, você não terminará este livro sendo a mesma pessoa.

A ARTE DE APRENDER

Neste capítulo, aprendemos que:

1. Se você quer ter uma conduta vencedora, precisará cuidar do que ouve, mas principalmente do que deixa entrar em sua mente.

2. O segundo princípio para uma vida vencedora é estar preparado para os desafios que virão. Há pelo menos três grandes desafios:

- Desafios familiares
- Desafios internos
- Desafios com autoridades

3. O segredo para vencer os desafios é ter sua vida mudada por dentro.

4. Para cumprir o propósito divino em sua vida, seja fiel e excelente com o que Deus colocou em suas mãos.

A ARTE DE REFLETIR

1. De onde vêm as palavras que você tem abrigado na sua mente e no seu coração? Que tipo de pensamento elas têm gerado?

2. Quais desafios você enfrenta hoje para realizar seu propósito?

3. Observe o que tem chegado até você: pessoas, oportunidades, responsabilidades. O que Deus tem te confiado?

CAPÍTULO 3
SÓ VENCE NA VIDA QUEM É INTENCIONAL

Como vimos nos capítulos anteriores, a Bíblia nos diz que a vontade de Deus para seus filhos é boa, perfeita e agradável (Romanos 12:2). Contudo, a pergunta que vejo muita gente fazer é: "Como Deus tem uma vontade boa se vejo tanta coisa errada e ruim ao meu redor?". Essa é uma grande questão, que nos acompanhará a vida inteira, e a resposta depende de você.

Você sempre terá duas alternativas: pode olhar o copo meio cheio ou olhar o copo meio vazio. Reclamar pelo que falta ou agradecer pelo que recebeu? Desesperar-se com o inesperado ou procurar um novo caminho? A decisão será sempre sua. Agora, isso é bíblico? Acredito que sim. Deus sempre nos dá opções:

A ARTE DA VIDA

Hoje tomo o céu e a terra por testemunhas contra vocês, que lhes propus a vida e a morte, a bênção e a maldição; escolham, pois, a vida, para que vivam, vocês e os seus descendentes (DEUTERONÔMIO 30:19).

Entrem pela porta estreita! Porque larga é a porta e espaçoso é o caminho que conduz para a perdição, e são muitos os que entram por ela. Estreita é a porta e apertado é o caminho que conduz para a vida, e são poucos os que o encontram (MATEUS 7:13-14).

Creio que, desde o início, há a opção entre o bem e o mal. Deus deu a Adão e Eva a ordem de não comerem da árvore do conhecimento do bem e do mal (Gênesis 2:16-17). Mas ele não tirou a árvore lá do meio do jardim. Por quê? Entre outras coisas, para que eles escolhessem obedecer. Nós sempre teremos opções na vida, e isso vem de Deus. Ninguém é obrigado a fazer nada, pois, desde o início, Deus nos dotou com livre-arbítrio.

Sei que há situações delicadíssimas para serem resolvidas no mundo, mas também sei que não preciso morrer para vê-las resolvidas. Deus nos deu opções, e hoje, enquanto você lê este capítulo, ele também está lhe dando a chance de escolher o caminho da vitória, o caminho que te leva a viver o que ele tem sonhado para sua vida. É a opção de erguer a cabeça e ver que ainda há muita história para ser escrita.

Há um detalhe em tudo isso. Você jamais vencerá na vida se não for intencional. Ser intencional significa fazer algo de propósito, por querer. Para ter uma vida melhor,

SÓ VENCE NA VIDA QUEM É INTENCIONAL

precisamos ser intencionais na prática de alguns princípios. Já vimos em capítulos anteriores alguns deles: ter visão e enxergar além das circunstâncias, e ser capaz de vencer todos os desafios que aparecerão em sua vida.

Neste capítulo, quero falar sobre ser intencional.

PRINCÍPIO 3:
SEJA INTENCIONAL NA VITÓRIA

Vimos um pouco no Capítulo 1 a respeito da vida de José, que muito jovem começou a ter sonhos. Primeiro, sonhou que estava no campo com seus irmãos amarrando feixes de cereais, quando seu feixe ficou em pé e os de seus irmãos se prostraram diante dele. No segundo sonho, o Sol, a Lua e onze estrelas curvaram-se diante de José. Desde o momento em que teve essas visões, mesmo que a vida tentasse puxá-lo para baixo, José agarrou-se aos seus sonhos e foi intencional em tudo o que fazia, dando o seu melhor em qualquer situação. Quando foi vendido como escravo, fez o seu melhor na casa de Potifar. Quando foi preso injustamente, também fez o seu melhor na prisão.

Nós sempre teremos opções na vida, e isso vem de Deus. Ninguém é obrigado a fazer nada, pois, desde o início, Deus nos dotou com livre-arbítrio.

Vemos o mesmo padrão na vida de Davi. A partir do momento que foi ungido diante de seu pai e irmãos, ele passou a agir com intencionalidade. Mesmo quando foi perseguido injustamente pelo rei Saul, Davi jamais agiu por impulso, antes, agiu intencionalmente, pensando em qual seria a melhor atitude a tomar com aquilo que tinha em mãos.

A ARTE DA VIDA

Os Evangelhos contam a história de uma mulher que foi intencional em sua busca por cura. Jesus estava a caminho da casa do homem que havia pedido a ele que curasse sua filha. Mas, no meio do caminho, Jesus encontrou uma mulher com tanta fé, tão intencional na busca de um milagre, que ele interrompeu o que estava fazendo para conhecê-la.

Essa mulher venceu vários desafios antes de alcançar o que desejava. Ela optou por não desistir e agiu com fé. Vamos aprender com ela como desenvolver nossa intencionalidade na vitória.

1. O DESAFIO DO TEMPO

Estava ali certa mulher, que, havia doze anos, vinha sofrendo de uma hemorragia (MARCOS 5:25).

Fazia doze anos que a mulher tentava sanar uma questão de saúde. A Bíblia não comenta o nome dela, ela é apresentada apenas como uma mulher enferma. Provavelmente não a chamavam pelo nome, era conhecida pela sua enfermidade. Em outras palavras, ela era uma pessoa estereotipada. Quantos olhavam para ela e diziam: "Doze anos? Para essa não tem mais jeito!".

Durante quanto tempo você deve insistir em um sonho até que ele se realize? Essa mulher esperava doze anos pela cura. José chegou diante de Faraó aos 30 anos, treze anos depois dos sonhos. Davi se tornou rei também aos 30 anos, mas foi ungido ainda na adolescência.

Em nosso mundo, temos aprendido a não esperar. A desvalorizar o que demora para ser elaborado, preparado, construído. Queremos que tudo aconteça rápido, e até pagamos mais para esperar menos. Mas é na espera que Deus trabalha em nosso coração, como vimos no capítulo anterior. Foi no intervalo entre o sonho e o palácio de Faraó que José foi amadurecendo como administrador. Foi entre o pastoreio das ovelhas e o trono de Israel que Davi foi aprimorado como líder. Da mesma forma, demorou doze anos para que aquela mulher desenvolvesse uma fé impressionante que chamou a atenção do próprio Jesus.

Essa é a loucura de andar com Jesus. Eu não ando pelo que vejo, mas ando pelo que creio. E no que creio? Creio que Deus concretizará os planos que tem para mim, no momento dele. Assim, mesmo que os anos passem sem que eu veja os resultados que espero, mesmo que as circunstâncias gritem "Não é possível", se há uma gota de esperança, eu irei usá-la. Não vou desistir, porque "não somos dos que retrocedem para a perdição, mas somos da fé, para a preservação da alma" (Hebreus 10:39).

Desistir não é uma opção para os que esperam. Se você quer viver a boa, perfeita e agradável vontade de Deus, precisa desenvolver resistência e aprender a esperar.

2. O DESAFIO DA FALTA DE RECURSOS

Ela havia padecido muito nas mãos de vários médicos e gastado tudo o que tinha, sem, contudo, melhorar de saúde; pelo contrário, piorava cada vez mais (MARCOS 5:26).

A ARTE DA VIDA

Penso que essa mulher era uma pessoa próspera, porque ninguém investe mais de dez anos em médicos e remédios se não tiver condições. Ela investiu tudo o que tinha na sua cura, e foi até o final. Vemos sua intencionalidade em buscar a cura: ela só pararia de tentar quando morresse. Para a pessoa intencional, o fim só chega com a morte.

Quando os recursos da mulher acabaram, ela procurou outra opção. Ela estava determinada, o dinheiro era apenas um detalhe. Ela procuraria a cura de outra maneira. Então, não importa se não há recursos, se não há crédito, se não há condições visíveis. A pessoa intencional tem fôlego, tem esperança e consegue enxergar a saída.

Quantas pessoas param seus projetos por falta de recursos! Não estou falando que você não precisa aprender a planejar e administrar. A Bíblia diz que precisamos calcular nossos projetos para não começarmos a construir um prédio e depois ter de parar na metade (Lucas 14:28-30). Mas existem pessoas que desistem muito facilmente e, ao primeiro sinal de dificuldade, abandonam o barco em que subiram. Ou seja, desistem dos projetos e desistem de sonhar.

Todo sonho que Deus tem para nossa vida é maior que nossos recursos. Ele faz assim para que coloquemos nossa confiança nele, e também para multiplicarmos outro recurso que ele nos dá: a fé. Deus se alegra quando uma pessoa usa a fé, pois " sem fé é impossível agradar a Deus, porque é necessário que aquele que se aproxima de Deus creia que ele existe e que recompensa os que o buscam" (Hebreus 11:6).

SÓ VENCE NA VIDA QUEM É INTENCIONAL

Quando usamos a fé? Quando temos o suficiente ou quando temos mais sonhos do que recursos? Pessoas de fé são automaticamente pessoas de visão, porque elas enxergam além de seus recursos e de suas limitações: "a fé é a certeza de coisas que se esperam, a convicção de fatos que não se veem" (Hebreus 11:1). Com a fé, vemos as situações da vida como Deus as vê. Ele é especialista em honrar a fé de pessoas que não tinham nada, mas que ousaram em ser intencionais, em acreditar e em dar mais um passo.

Todo sonho que Deus tem para nossa vida é maior que nossos recursos.

Ouse ser alguém de fé. Dê outro passo e não permita que a falta de recursos mate você por dentro.

3. O DESAFIO DOS COMENTÁRIOS MALICIOSOS

Tendo ouvido a fama de Jesus,
a mulher chegou por trás (MARCOS 5:27a).

Ela ouviu a respeito da fama de Jesus e foi ao seu encontro. Mas há alguns detalhes escondidos no texto. Primeiro, como mulher, ela não possuía tanta liberdade assim. Segundo, ela era doente e, como estava nessa condição fazia tempo, todo mundo sabia disso. Em terceiro lugar, por estar doente, ela também era considerada impura. Isso quer dizer que qualquer pessoa ou objeto que ela tocasse estariam impuros à luz da lei judaica, e teriam que passar por um ritual de purificação para participar das festas e cerimônias religiosas.

A ARTE DA VIDA

Imagino que, no trajeto que fez para encontrar Jesus, ela ouviu muitos comentários que a lembravam de sua condição:

"Olha lá, a mulher doente."

"Por que essa mulher não fica quieta em casa? Aqui não é lugar para ela!"

"Essa mulher está contaminando todo mundo! Alguém tire ela daqui!"

Uma coisa é certa: você e eu não estaríamos conversando sobre essa mulher, milênios depois, se ela tivesse escutado todos os comentários e, então, voltado para casa.

Quantas pessoas paralisam seus projetos porque alguém disse que aquilo não tinha valor ou porque algum parente comentou que aquela história não daria em nada?

Querido leitor, você realmente vai dar mais valor para a voz das pessoas do que para a voz do Criador? Existe uma voz que te criou e que deve impulsionar cada decisão de sua vida. Já ouvi muitas vozes de acusação, e posso dizer que não foram poucas. Dos 13 anos até hoje, ouço essas vozes. Mas, na realidade, eu não presto atenção nelas, pois tudo o que disseram que não daria certo aconteceu, porque eu escolhi ouvir a voz correta. Se eu fosse depender da aprovação das vozes ao meu redor, talvez estivesse morando em Minas Gerais, ao lado da casa do meu pai, até hoje.

Seja intencional em ouvir a única voz que tem o poder de mover as águas, de fazer o impossível, de fazer existir

> *Seja intencional em ouvir a única voz que tem o poder de mover as águas, de fazer o impossível, de fazer existir vida onde não há nada.*

SÓ VENCE NA VIDA QUEM É INTENCIONAL

vida onde não há nada. A voz que te criou é poderosa para te guiar. Você precisa ser intencional em querer ouvi-la.

4. O DESAFIO DA MULTIDÃO

Uma grande multidão seguia Jesus, apertando-o de todos os lados. [...] no meio da multidão, [a mulher] tocou na capa dele (MARCOS 5:24,27).

Havia muitas pessoas no caminho; diz o texto que o próprio Jesus era espremido pela multidão. Quantos obstáculos havia entre a mulher e seu destino? Deveriam parecer maiores para quem estava enfraquecida e empobrecida pela doença. Mas ela, por causa de sua fé e de sua intencionalidade, puxou forças de onde não havia e seguiu até encostar na capa de Jesus.

Você quer vencer a multidão? Quer vencer tudo que está entre você e seu sonho? Então, tenha paciência e vença um por um. Para remover uma multidão do caminho, você precisa ultrapassar pessoa por pessoa. Em outras palavras, é um passo de cada vez. A precipitação tem feito muitas pessoas olharem para a multidão em vez de olhar para o alvo. Mas a multidão é muita gente; se olhar para ela, ela irá te desanimar. Não foque na multidão toda, foque na próxima pessoa — na próxima reunião, na próxima partida, no próximo desafio. No próximo passo.

A intencionalidade é assim, uma pílula por dia. Um passo de cada vez. Uma vitória a cada batalha.

A intencionalidade é assim, uma pílula por dia. Um passo de cada vez. Uma vitória a cada batalha.

A ARTE DA VIDA

5. O DESAFIO DOS MAUS PENSAMENTOS

> *Porque dizia: "Se eu apenas tocar na roupa dele,*
> *ficarei curada"* (MARCOS 5:28).

Será que em nenhum momento ela pensou: "Puxa, será que vai dar certo? E se eu não alcançar Jesus? E se tudo isso for imaginação minha?". Quantos pensamentos devem ter vindo à mente dela, questionando seu sonho, dizendo para que se contentasse com a situação que vivia, para que não incomodasse Jesus. Ela não ouviu os maus pensamentos. Ela disse para si mesma: "Se eu apenas tocar na roupa dele, ficarei curada". Imagino que repetiu isso para si mesma quando saiu de casa, quando viu a multidão, quando ouviu os comentários maldosos. Ela agarrou esse bom pensamento e venceu os que tentaram paralisá-la.

Por vezes, aquilo que faz você parar não são os obstáculos, mas o que você pensou que fosse um obstáculo. Quantos já disseram: "Ah, eu nunca vou ser contratado por essa empresa", "Ah, eu jamais vou empreender", "Ah, essa pessoa é muita areia para meu caminhão", "Ah, alegria de pobre dura pouco". Quantas pessoas pensando demais e agindo de menos!

No livro *Mente blindada: o poder dos pensamentos para uma vida relevante*, apresento vários princípios para guardar sua mente dos maus pensamentos, pois, se você lhes der liberdade, eles sugarão sua energia e drenarão sua disposição. E, quando os anos passarem, você perceberá que o que te impediu de vencer não foram os desafios, mas os

SÓ VENCE NA VIDA QUEM É INTENCIONAL

maus pensamentos. Naquele livro, comento que, se você quiser tirar o foco de alguém, é só arrumar outro foco para essa pessoa. Sempre haverá situações para nos distrair. Nosso papel é não nos distrairmos, pois há um alvo e um propósito para cada um de nós.

A mulher enferma foi intencional em alcançar sua cura. Por causa disso, após doze anos de buscas incessantes que consumiram todos os seus recursos, quando não havia mais possibilidades em termos humanos, ela obteve o que havia buscado. Doze anos depois e seus sonhos se tornaram realidade: "E logo a hemorragia estancou, e ela sentiu no corpo que estava curada daquele mal" (Marcos 5:29).

> *Por vezes, aquilo que faz você parar não são os obstáculos, mas o que você pensou que fosse um obstáculo.*

NÃO PARE NA VITÓRIA

A história dela não acaba por aqui: "Jesus, reconhecendo imediatamente que dele havia saído poder, virando-se no meio da multidão, perguntou: Quem tocou na minha roupa?" (Marcos 5:30).

Jesus percebeu que algo grande havia acontecido e quis saber quem foi a pessoa que causou aquilo com sua intencionalidade. Ele quis conhecer a pessoa que usou de tão grande fé. Acredite, sua fé chama a atenção de Deus.

Esta é uma pergunta interessante: Depois que alcançar o que tem buscado, o que você fará no dia seguinte? Muitos desanimam, baixam a guarda, deixam de orar e deixam de buscar. Não foi isso o que fez a mulher enferma.

A ARTE DA VIDA

Ela já tinha alcançado o que queria, poderia ter ficado quieta no canto dela. No entanto, ela se apresentou a Jesus: "Então a mulher, amedrontada e trêmula, ciente do que lhe havia acontecido, veio, prostrou-se diante de Jesus e declarou-lhe toda a verdade" (Marcos 5:33). Depois de ser curada da enfermidade que carregava havia doze anos, a mulher se aproximou de Jesus e venceu o medo de se pronunciar publicamente.

Depois de alcançar o que tem buscado, o que você fará no dia seguinte?

A Bíblia diz que ela estava "amedrontada e trêmula". Talvez tivesse receio da reação do povo, já que sua doença era interna, e ela não tinha como provar se a cura havia acontecido realmente. Com essa passagem, aprendemos que não podemos esperar comprovação externa de algo que Deus curou em nosso interior.

Mas também pode ser que a mulher estivesse com medo de ser repreendida por Jesus, por causa de sua ousadia. Assim, ela se prostou diante dele. Em outras palavras, soube reconhecer o senhorio de Jesus. Ela reconheceu que havia sido intencional em sua busca, mas a cura veio por causa do poder de Jesus.

Diante do Senhor, ela declarou a verdade. Contou dos seus doze anos de doença, da falta de recursos, da sua ideia de atravessar a multidão apenas para tocar nas roupas de Jesus. Estava vencendo o medo da retaliação das pessoas. E então algo impressionante acontece em sua vida. Tinha como melhorar? Sim!

SÓ VENCE NA VIDA QUEM É INTENCIONAL

Então Jesus lhe disse: Filha, a sua fé salvou você.
Vá em paz e fique livre desse mal (MARCOS 5:34).

Por ter reconhecido de onde viera o livramento que buscou a vida toda, ela não só saiu curada, mas também salva. A cura do físico foi só um pretexto para a cura da alma. Ela ganhou mais do que tinha esperado conquistar. Duvido que, depois das palavras de Jesus, alguém tenha repetido os comentários maldosos. Imagino a multidão abrindo espaço para que aquela mulher de fé impressionante passasse. Ela não se contentou com a cura, ela também quis estar com o Deus que a curou, e isso confirmou aos olhos de todos sua vitória. Quando ela esteve com Jesus, sua vitória foi completa.

> *A vitória não é um evento que acontece nesta vida. A maior vitória é a mudança de direção da sua alma.*

Deus quer que você seja intencional. Como diz a Bíblia, sem fé é impossível agradar a Deus. Porém, a vitória não é um evento que acontece nesta vida. A maior vitória é a mudança de direção da sua alma. Você precisa ser intencional nisso também. Precisa entender que Deus quer te abençoar aqui na terra, porém, o maior desejo dele é que você more com ele quando tudo aqui acabar. Essa sim é a verdadeira vitória.

Ao vencedor, darei o direito de sentar-se comigo no meu trono, assim como também eu venci e me sentei com o meu Pai no seu trono (APOCALIPSE 3:21).

A ARTE DE APRENDER

Neste capítulo, aprendemos que:

1. Deus nos dá opções. A escolha é responsabilidade nossa.

2. O terceiro princípio é: seja intencional na vitória. Isso envolve vencer:
   - O desafio do tempo
   - O desafio da falta de recursos
   - O desafio dos comentários maliciosos
   - O desafio da multidão
   - O desafio dos maus pensamentos

3. A vitória não é um evento que acontece nesta vida. A maior vitória é a mudança de direção da sua alma.

A ARTE DE REFLETIR

1. Em que situações da sua vida, é esperado que você tome uma decisão?

2. Qual dos cinco desafios enfrentados pela mulher (tempo, falta de recursos, comentários maliciosos, multidão e maus pensamentos) mais te atrapalha? De que maneira você pode superá-lo?

3. "A maior vitória é a mudança de direção da sua alma." Esse tem sido seu maior objetivo nesta vida?

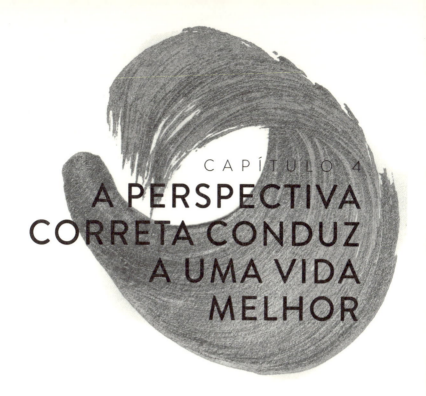

CAPÍTULO 4

A PERSPECTIVA CORRETA CONDUZ A UMA VIDA MELHOR

Como tenho dito, acredito que Deus tem uma vida melhor para nós, porém, em nenhum momento, isso quer dizer que não passaremos por situações delicadas na terra. Jesus mesmo nos disse: "Falei essas coisas para que em mim vocês tenham paz. No mundo, vocês passam por aflições; mas tenham coragem: eu venci o mundo" (João 16:33).

Jesus não é negacionista. Ele disse que teríamos momentos delicados. No entanto, também nos dá a fórmula para vencer essas situações: "tenham coragem: eu venci o mundo". Essa é a questão! Eu e você estamos no lado vencedor. Sabemos que há armadilhas do Inimigo para vivermos dias difíceis. Há planos para a implantação do governo do Anticristo no mundo — "Filhinhos, esta é a última hora. E, como vocês ouviram que o Anticristo vem, também agora muitos anticristos têm surgido; por isso sabemos que é a última hora" (1João 2:18). Mas Cristo nos diz: "Tenham paz e confiem em mim, assim como eu venci, vocês vencerão também!".

Da mesma forma, Jesus nunca disse que não queria que enfrentássemos os desafios desta terra. Ele diz palavras interessantes:

> *Eis que eu os envio como ovelhas para o meio de lobos.*
> *Portanto, sejam prudentes como as serpentes e simples*
> *como as pombas* (MATEUS 10:16).

> *Não peço que os tires do mundo, mas que os guardes do mal.*
> *Eles não são do mundo, como também eu não sou*
> (JOÃO 17:15-16).

Quando lemos que Jesus nos envia como ovelhas para o meio de lobos, podemos concluir que ele está nos enviando para sermos mortos e devorados. Mas a realidade não é essa. Essa é a perspectiva do mundo. Para quem vê de fora, a ovelha seria despedaçada pelo lobo. Da perspectiva de Deus, a ovelha só precisa ter a perspectiva correta para vender os lobos: "Pelo contrário, Deus escolheu as coisas loucas do mundo para envergonhar os sábios e escolheu as coisas fracas do mundo para envergonhar as fortes" (1Coríntios 1:27).

Nós, como ovelhas, precisamos nos apegar ao poder da Palavra de Deus, que é a verdade. São as coisas considera-

A PERSPECTIIVA CORRETA CONDUZ A UMA VIDA MELHOR

das fracas e loucas aos olhos do mundo que Deus escolheu para revelar seu poder e sua sabedoria. É na fragilidade da ovelha que o poder de Deus transparece e vence o mundo.

Jesus diz para sermos prudentes como serpentes. A serpente não tem membros, não tem pálpebras e não tem aberturas externas das orelhas, contudo, são mestres em superar suas desvantagens. Uma pessoa sábia como uma serpente é capaz de dominar suas desvantagens e transformá-las para o seu bem. As serpentes, mesmo surdas, são capazes de sentir os movimentos por meio das vibrações do solo. Mesmo com uma locomoção aparentemente limitada, por não terem pés, elas são ágeis e estão entre os predadores mais bem-sucedidos do mundo. Qual a sabedoria da serpente? Não sucumbir diante das desvantagens. A serpente transforma sua deficiência em vantagem. Isso é ter uma perspectiva correta. Nós, como ovelhas e serpentes, precisamos desenvolver o entendimento de que estamos no mundo, mas não pertencemos a ele. Pertencemos a um Reino poderosíssimo.

> *A serpente transforma sua deficiência em vantagem. Isso é ter uma perspectiva correta.*

PRINCÍPIO 4:
TENHA UMA PERSPECTIVA CORRETA

Quando olhamos para a vida de Davi, vemos que ele analisou suas deficiências e olhou para elas pela perspectiva correta. Ele foi prudente como uma serpente. Por causa dessa atitude, ele se tornou o rei mais famoso da história

A ARTE DA VIDA

de Israel, uma pessoa exemplar como servo de Deus, e um símbolo do próprio Jesus, que foi apresentado ao mundo como descendente de Davi. Até hoje, suas atitudes são lidas e estudadas.

Agir pela perspectiva correta gera um legado poderoso. Assim, se quisermos um futuro melhor, precisamos mudar a forma de ver nossa própria vida no presente. Muitos dizem, por exemplo, que querem construir um futuro melhor para seus filhos. Eu, no entanto, estou trabalhando para construir filhos melhores para o futuro. Nem o mundo nem meus filhos estão sob o meu controle, mas sou mais capaz de moldar e influenciar meus filhos do que o mundo. É tudo uma questão de perspectiva.

Vamos voltar àquele dia que o pai de Davi lhe mandou levar o almoço de seus irmãos no campo de batalha.

Jessé disse a Davi, seu filho: "Peço que você leve para os seus irmãos uma medida deste trigo tostado e estes dez pães. Corra e leve isso para os seus irmãos, no acampamento. Porém estes dez queijos, leve-os para o comandante de mil. Veja como os seus irmãos estão passando e traga uma prova de que estão bem. Saul, eles e todos os homens de Israel estão no vale de Elá, lutando contra os filisteus" (1SAMUEL 17:17-19).

Sabemos que Davi era o caçula da família e que tinha uma função na casa: cuidava das ovelhas do pai. Talvez esse trabalho fosse menosprezado dentro da família, pois, quando Jessé fez um banquete para o profeta Samuel, Davi não foi convidado. Tiveram de chamá-lo lá no meio do campo.

A PERSPECTIIVA CORRETA CONDUZ A UMA VIDA MELHOR

Agora, seu pai pede que ele vá levar comida aos irmãos. Esse pedido traz pelo menos duas complicações. Em primeiro lugar, significava deixar seu posto junto às ovelhas. Ovelhas não podem ser deixadas sozinhas no meio do pasto, o próprio Davi disse que já havia enfrentado leões e ursos que quiseram atacar o rebanho (1Samuel 17:34-35). Também não deveria ser fácil levar as ovelhas de volta para o aprisco e então sair com a comida até o acampamento. Isso demoraria muito, e o pedido de Jessé era urgente.

A outra complicação é sobre a mudança de cenário. Mesmo com as ameaças de leões e ursos, o campo era um lugar muito mais tranquilo do que um *front* de batalha. Ao que parece, Davi nunca havia estado em uma guerra. Quando Saul, umas horas depois, pede para Davi experimentar sua armadura a fim de se proteger no duelo contra Golias, o jovem pastor diz: "Não posso andar com isto, porque nunca o usei. E Davi tirou aquilo de sobre si" (1Samuel 17:39).

Davi, em vez de olhar para todo esse cenário e colocar inúmeras possibilidades para não ir, viu a situação pela perspectiva correta, enxergando as oportunidades. Em relação ao primeiro desafio, em vez de dizer ao pai que não poderia abandonar as ovelhas, ele delega esse compromisso para encarar a oportunidade. "No dia seguinte, Davi se levantou de madrugada, deixou as ovelhas com um guarda" (1Samuel 17:20). Em relação ao segundo desafio, creio que Davi não tinha como se esquecer de que havia sido ungido rei horas antes. Ser rei, naquela época, envolvia liderar o exército em batalhas. Assim, levar comida aos irmãos era uma forma de se acostumar com um ambiente que faria

A ARTE DA VIDA

parte de sua vida futuramente. Davi olhou para o pedido do pai como uma oportunidade de se preparar para aquilo que Deus havia escolhido para sua vida.

1. PERSPECTIVA PRECISA DE RESPONSABILIDADE

Além de ter a perspectiva correta, Davi tinha responsabilidade. Acredito que responsabilidade é um princípio que nos levará a uma vida melhor. Simplesmente não adianta ter a perspectiva correta sem responsabilidade. Mesmo que Davi soubesse que um dia seria o rei, mesmo tendo sido ungido pelo profeta Samuel, ele não abandonou o que estava sob seus cuidados naquele momento e deixou as ovelhas com um guardador. Isso mostrava que ele estava à altura do que Deus tinha preparado para ele.

Jesus contou uma parábola sobre um homem que possuía muitas posses — poderíamos dizer, nos dias de hoje, que era um grande empresário e investidor. Ele ia viajar e chamou três servos, ou três funcionários, para cuidar do dinheiro dele enquanto estivesse fora. Os dois primeiros funcionários do empresário investiram o dinheiro e receberam bons dividendos. Para estes, o chefe falou: "Muito bem, servo bom e fiel; você foi fiel no pouco, sobre o muito o colocarei; venha participar da alegria do seu senhor" (Mateus 25:21,23). Vemos aqui um ensinamento importante sobre responsabilidade: a pessoa responsável é fiel no pouco, assim como é fiel no muito. Não é o tamanho da responsabilidade que faz a pessoa ser bem-ajuizada; é o contrário: cada um recebe responsabilidades segundo se mostra capaz de administrá-las.

A PERSPECTIIVA CORRETA CONDUZ A UMA VIDA MELHOR

Vejo pessoas que possuem um chamado e têm coragem de enfrentar os desafios que a vida apresenta, no entanto, são irresponsáveis. Conseguem ter visão para as oportunidades que estão no futuro, mas não são capazes de gerenciar o que fazem no presente.

A irresponsabilidade de hoje nos alcança amanhã. Davi sabia disso e, por esse motivo, delegou a tarefa de cuidar das ovelhas. Seu pensamento foi: "Eu vou lá! Vou aproveitar uma oportunidade, mas as ovelhas estarão seguras". Se ele não fosse capaz de zelar pela vida de algumas ovelhas, como seria um bom rei para seu povo?

Como você quer vencer os gigantes de sua vida se vive deixando a porta aberta para um leão comer suas ovelhas? Você jamais será promovido na vida se vive abandonando pendências. A perspectiva correta conduz você a pensamentos assim: "Eu aproveitarei as oportunidades que o presente está me mostrando, porém, não deixarei um passado mal resolvido para trás".

> *Você jamais será promovido na vida se vive abandonando pendências.*

2. PERSPECTIVA PRECISA DE EXCELÊNCIA

Quando Jessé pediu a Davi que fosse levar comida aos irmãos, jamais pensaria que o filho traria a cabeça de alguém em uma cesta. A direção foi apenas: "Me traga uma prova de que você os viu e de que eles estão bem".

Davi saiu com uma sacola de pão para cumprir a ordem do pai; quando voltou, mostrou duas sacolas. Uma vazia,

A ARTE DA VIDA

com a qual queria dizer: "Pai, cumpri meu compromisso, entreguei os pães aos meus irmãos e eles estão bem". Mas Davi mostra uma segunda sacola, na qual estava a cabeça de Golias. Com essa sacola, Davi dizia: "Pai, sei que o senhor não me pediu isso, mas a oportunidade veio e eu a aproveitei. Aqui está a cabeça de quem ameaçava nosso povo. Agora não só meus irmãos estão bem como também todo o nosso povo está a salvo". Isso tem a ver com excelência e com fazer mais do que lhe foi pedido.

A excelência é outro princípio que nos levará a um futuro melhor, porque Deus não honrará a obra feita de qualquer jeito. Não podemos mais ter aquele pensamento de que "Se fizer para Deus de coração, está bom". Não! Se é para Deus, precisamos fazer o melhor. Quando Deus criou o mundo para nós, ele avaliava tudo o que fazia e dizia "Está bom". Seu pensamento não era "fazer de coração", mas fazer um mundo excelente para suas criaturas habitarem. Aliás, "fazer de coração" não deveria ser o oposto, ou menos, do que ser excelente.

> *A excelência é outro princípio que nos levará a um futuro melhor, porque Deus não honrará a obra feita de qualquer jeito.*

Jesus diz que "A pessoa boa tira o bem do bom tesouro do coração" (Lucas 6:45). Ou seja, se nosso coração é excelente, o que fizermos para Deus almejará a excelência. Assim, se sua vida pertence a ele, continue se aperfeiçoando.

Para crescer e amadurecer, você precisará ser intencional. Muitos dizem: "Fique tranquilo! Com o tempo vou me aperfeiçoar". Não, não! O tempo só te deixará mais velho.

A PERSPECTIIVA CORRETA CONDUZ A UMA VIDA MELHOR

Crescimento e amadurecimento vêm apenas com dedicação, com intencionalidade, não com o tempo.

3. PERSPECTIVA PRECISA DE ATITUDE

Tudo o que temos nessa vida é o momento presente. Se quisermos uma vida melhor no futuro, se quisermos viver o chamado que Deus tem para nós, só podemos cuidar do que está ao nosso alcance hoje. Por isso precisamos ver pela perspectiva correta as dificuldades, os testes que experimentamos hoje. Devemos encará-los com responsabilidade e excelência. No entanto, ter uma perspectiva correta é diferente de suportar o processo que te levará a uma vida melhor.

Davi foi ungido pelo profeta Samuel diante de sua família e teve um vislumbre do que Deus esperava dele. Mas a visão não se cumpriu naquele dia, nem mesmo naquele ano. Houve um processo. Davi entendeu as oportunidades (visão); ignorou os comentários dos irmãos (superou os desafios); planejou os detalhes para obedecer ao pai (intencionalidade) e viu os desafios como oportunidades de crescimento (perspectiva correta). Com isso, ele correu até a guerra, entendendo que ali era um lugar adequado para o futuro rei de Israel.

Enquanto esteve lá, Davi deparou com um episódio peculiar que chamou sua atenção.

Enquanto Davi ainda falava com eles, eis que vinha subindo do exército dos filisteus o guerreiro, cujo nome era Golias, o filisteu de Gate. E falou as mesmas coisas que havia falado

todas as luzes fiquem verdes à sua frente antes de você seguir. As oportunidades estão sendo colocadas adiante: oportunidades de colocar sua fé em prática, oportunidades para ver as mãos de Deus te guiando. Não dê desculpas, dizendo que não dá mais tempo e que tem muito trabalho. Você é alguém em quem Deus resolveu acreditar e investir, assim, o que para outros é uma situação sem solução, para você é uma oportunidade. Deus vê você como alguém que aplicará a perspectiva correta e, por isso, agirá de modo completamente diferente naquela situação. O Deus que chamou você é fiel para sustentá-lo e completar o que ele mesmo começou em sua vida: "Ora, àquele que é poderoso para fazer infinitamente mais do que tudo o que pedimos ou pensamos, conforme o seu poder que opera em nós, a ele seja a glória, na igreja e em Cristo Jesus, por todas as gerações, para todo o sempre. Amém!" (Efésios 3:20-21).

> *O que para outros é uma situação sem solução, para você é uma oportunidade.*

5. OUÇA AS VOZES CERTAS

Quando Davi chegou ao campo de batalha, ouviu várias falas: a de Golias, a dos soldados e a do rei.

> *Golias parou e gritou para as tropas de Israel: "Para que vocês saíram para formar a linha de batalha? Não sou eu filisteu, e vocês, servos de Saul? Escolham entre vocês um homem que venha lutar comigo. Se ele puder lutar comigo e me matar, seremos servos de vocês. Mas, se eu o vencer e o*

A PERSPECTIIVA CORRETA CONDUZ A UMA VIDA MELHOR

matar, vocês serão nossos servos e nos servirão". [...] Quando Saul e todo o Israel ouviram estas palavras do filisteu, ficaram assustados e com muito medo. [...] E diziam uns aos outros: "Vocês viram aquele homem? Ele veio para afrontar Israel. O rei dará muitas riquezas para quem matar aquele homem. Também lhe dará a filha em casamento, e à casa de seu pai isentará de impostos em Israel"
(1SAMUEL 17:8,9,11,25).

Onde você aplicar sua audição, essa será a direção que seu coração irá seguir. Davi ouviu tudo o que estava em jogo: a ameaça, o temor e a recompensa. Davi não se contentou só com a metade do copo vazio, ele contemplou a metade cheia. Ele teve a perspectiva correta, ouviu as vozes corretas e simplesmente continuou.

Durante toda nossa vida, ouviremos vozes. Elas soprarão em nossos ouvidos temores, possibilidades, recompensas. Em meio a elas, temos de distinguir a voz de Deus, que diz: "Eu, o SENHOR, sondo o coração. Eu provo os pensamentos, para dar a cada um segundo os seus caminhos, segundo o fruto das suas ações" (Jeremias 17:10).

É importante considerar todas as vozes para, a partir delas, discernir a condução do Senhor. Se Davi tivesse ouvido só a ameaça do gigante, poderia ficar petrificado como o exército. Por outro lado, se tivesse ignorado o temor de soldados experientes, talvez partisse para a luta sem uma perspectiva correta do que enfrentaria. Se ouvisse só a recompensa, da mesma forma, poderia agir de forma precipitada, de olho só nos prêmios. Ele precisou de

A ARTE DA VIDA

todas as vozes para entender a situação em que entrava e, então, distinguir a voz e a direção do Senhor.

Você é mais do que as vozes que estão ao seu redor; seu propósito está acima dos temores e recompensas que o cercam. Davi enfrentou Golias e, ao vencê-lo, não apenas recebeu o que Saul, então rei de Israel, havia prometido, como também pavimentou o caminho que o levaria ao trono.

> *Acredite, o Deus que te chamou te dará sabedoria para superar todo e qualquer obstáculo.*

Mas como ele fez isso numa única batalha? Com Deus, essa não é a pergunta correta a se fazer. Não é COMO você irá agir, mas com QUEM você irá adiante. Quando você entende com QUEM está, ele te mostrará o COMO.

Acredite, o Deus que chamou você lhe dará sabedoria para superar todo e qualquer obstáculo. Você não está sozinho e não está abandonado! Existe um Deus que te amou, te buscou e que está de braços abertos para te conduzir a uma vida boa, perfeita e agradável.

A ARTE DE APRENDER

Neste capítulo, aprendemos que:

1. Jesus não planejou para nós uma vida sem lutas e desafios. Precisamos entender as dificuldades a partir da perspectiva de Deus.

2. O quarto princípio: a perspectiva correta é saber transformar sua deficiência em vantagem.

A PERSPECTIIVA CORRETA CONDUZ A UMA VIDA MELHOR

3. A perspectiva correta está aliada a:
   - Responsabilidade: capacidade de gerenciar o que fazemos no presente.
   - Excelência: aperfeiçoar-se continuamente.
   - Atitude: procurar os grandes desafios da vida e oferecer uma resposta.
   - Entender as oportunidades: ver um caminho naquilo que os outros encaram como uma situação insolúvel.
   - Ouvir as vozes certas: ouvir quem nos cerca, mas buscar o direcionamento de Deus.

A ARTE DE REFLETIR

1. Que dificuldades e deficiências que te limitam hoje devem ser encaradas como vantagens e oportunidades?

2. Em quais tarefas que você tem atualmente é possível demonstrar maior responsabilidade e excelência?

3. O que as vozes ao seu redor têm dito? De que formas você tem procurado a voz de Deus em meio a elas?

CAPÍTULO 5
RECUPERANDO O DOMÍNIO PRÓPRIO

Creio piamente que nascemos neste mundo para viver a vontade de Deus. Quando falamos da boa, perfeita e agradável vontade de Deus, isso não significa *ausência de* desafios, como vimos no capítulo anterior. A boa, perfeita e agradável vontade de Deus para José, por exemplo, incluía enviá-lo a uma prisão. Para Jesus, essa vontade terminou por mandá-lo a uma cruz; para Paulo, passou pelo sofrimento em nome de Cristo.

A questão é que, mesmo que a vontade de Deus inclua situações delicadas, elas não serão eternas. José saiu da prisão e governou a maior e mais poderosa nação da época. Jesus ressuscitou ao terceiro dia, e hoje vivemos por causa dessa esperança. Paulo levou o evangelho aos povos não judeus, e hoje temos acesso a essa palavra de salvação por causa de seus esforços. Dizendo de outra forma, a boa, perfeita e agradável vontade de Deus levará você a superar com alegria as dificuldades que vier a enfrentar. "A bênção do Senhor enriquece, e ele não acrescenta nenhum desgosto a ela" (Provérbios 10:22).

PRINCÍPIO 5:
NÃO PERCA O CONTROLE

Deus não perde o controle da nossa vida, nós é que, muitas vezes, nos descontrolamos quando lidamos com situações que preferíamos não viver ou que não sabemos interpretar. Essas são as duas principais maneiras de perder o controle:

1. Quando estamos no meio de um turbilhão;
2. Quando estamos vivendo algo novo em Deus.

Muitos perdem o controle no meio dos desafios. Olhando os personagens bíblicos, veremos que vários perderam a cabeça. Caim, devido a um ciúme doentio, matou seu irmão Abel (Gênesis 4:1-15). Sara, não conseguindo engravidar, entregou sua serva a seu esposo (Gênesis 16:1-3). Jacó enganou seu pai em busca de uma bênção (Gênesis 27:1-40). Moisés, em vez de tocar na pedra, bateu nela com força e assim perdeu o acesso à Terra Prometida (Números 20:1-12). Sansão perdeu o controle e se entregou a seus

Deus não perde o controle da nossa vida, nós é que, muitas vezes, nos descontrolamos quando lidamos com situações que preferíamos não viver ou que não sabemos interpretar.

desejos e paixões sexuais (Juízes 16:4-22). Saul foi tomado por arrogância e perdeu o trono (1Samuel 15:1-23). Davi se encheu de desejo pela pessoa errada e cometeu adultério e assassinato (2Samuel 11:1-12). Elias teve medo e fugiu de Jezabel (1Reis 19:1-8).

Hoje em dia, muitos também perdem o controle. Quando não aguentam a pressão no casamento, pedem o divórcio. Quando não aguentam a pressão no trabalho, pedem demissão. Quando não aguentam a pressão da sociedade, cometem suicídio. Estamos no olho do furacão e podemos fracassar emocionalmente, tendo consequências físicas e espirituais.

Como lidar com isso? Como recuperar o controle? Vamos ver as respostas para cada uma das duas situações de descontrole.

RECUPERANDO O CONTROLE
NO MEIO DO TURBILHÃO

Alguns anos depois de Jesus morrer e ressuscitar, havia um grupo de cristãos que vivia como estrangeiros residentes em regiões da Ásia. Eles experimentavam muitas situações de conflito com os moradores da região, tanto por causa de sua etnia como pelo fato de serem cristãos. O apóstolo Pedro, então, mandou uma carta para eles:

Pedro, apóstolo de Jesus Cristo, aos eleitos que são forasteiros da Diáspora no Ponto, na Galácia, na Capadócia, na Ásia e na Bitínia [...] Nisso vocês exultam, embora, no presente, por breve tempo, se necessário, sejam contristados por várias provações (1PEDRO 1:1,6).

A ARTE DA VIDA

Ao longo da carta, Pedro instrui aqueles cristãos a verem os sofrimentos que passam como provas à sua fé em Deus. Ele também os orienta a respeito da forma de se conduzirem em meio às dificuldades.

> *Peço igualmente aos jovens: estejam sujeitos aos que são mais velhos. Que todos se revistam de humildade no trato de uns com os outros, porque "Deus resiste aos soberbos, mas dá graça aos humildes." Portanto, humilhem-se debaixo da poderosa mão de Deus, para que ele, em tempo oportuno, os exalte. Lancem sobre ele todas as suas ansiedades, porque ele cuida de vocês. Sejam sóbrios e vigilantes. O Inimigo de vocês, o Diabo, anda em derredor, como leão que ruge procurando alguém para devorar. Resistam-lhe, firmes na fé, certos de que os irmãos de vocês, espalhados pelo mundo, estão passando por sofrimentos iguais aos de vocês* (1PEDRO 5:5-9).

Vamos estudar detalhes deste texto e entender como pode ser aplicado a nós.

1. APRENDA A SE SUJEITAR

> *Peço igualmente aos jovens:*
> *estejam sujeitos aos que são mais velhos.*

Quantas pessoas estão apanhando na vida por que não entenderam esse versículo? Muitas passam a vida reclamando das pessoas que Deus colocou como autoridade sobre elas: parentes, líderes, pastores. Quando uma pessoa vem

RECUPERANDO O DOMÍNIO PRÓPRIO

até mim falando mal de outros pastores, sei que é questão de tempo para que eu seja a próxima vítima.

Pedro ensina os cristãos a baixar a cabeça diante de gente com mais experiência de vida, pessoas que nos instruem com aquela sabedoria que só tem quem já viveu e viu muita coisa. No meio de um turbilhão, precisamos do conselho de gente experiente.

> *No meio de um turbilhão, precisamos do conselho de gente experiente.*

Não precisamos reinventar a roda a cada nova situação. Infelizmente, muitos estão apanhando vida afora porque não tem respeito aos mais velhos. Se sujeitar é a última coisa que conseguem aplicar em suas vidas.

2. SEJA HUMILDE

> *Que todos se revistam de humildade*
> *no trato de uns com os outros.*

Humildade não diz respeito à roupa que você usa, mas a como você controla sua língua. As redes sociais estão dando voz para muitas pessoas que não sabem usar as palavras. Elas sofrerão as consequências de sua indiscrição: "Nem em pensamento fale mal do rei, e não fale mal do rico nem mesmo quando você estiver sozinho em seu quarto, porque as aves do céu poderiam levar a sua voz, e o que tem asas poderia contar o que você falou" (Eclesiastes 10:20).

A tendência de muitos que passam por tempos difíceis é reclamar. É arranjar culpados para seus problemas.

A ARTE DA VIDA

Talvez nem tudo que passamos seja culpa nossa, mas ficar apontando o dedo não resolve as coisas nem nos ensina nada. A humildade, por outro lado, nos manterá conscientes para investirmos o tempo no que realmente é valioso.

Evite, igualmente, os falatórios inúteis e profanos, pois os que se entregam a isso avançarão cada vez mais na impiedade. Além disso, a linguagem deles corrói como câncer (2TIMÓTEO 2:16-17).

3. NÃO FIQUE ANSIOSO

Lancem sobre ele todas as suas ansiedades, porque ele cuida de vocês.

Essa é uma lição central para não perder o controle em meio ao turbilhão. Falamos que nada escapa ao controle de Deus, mas nós, muitas vezes, nos descontrolamos diante das situações. Por mais que tenhamos visão e aprendamos a ver as coisas da perspectiva de Deus, passaremos por situações que parecem não fazer sentido nem ter saída. Não ter ideia do que está adiante pode nos deixar ansiosos. O convite do apóstolo é levar essa ansiedade até Deus. Apenas ele tem a visão geral do nosso percurso, do começo ao fim. Nada sai do controle dele, pois, em tudo, ele cuida de nós.

86

4. SEJA SENSÍVEL À VOZ DE DEUS

Sejam sóbrios e vigilantes. O Inimigo de vocês,
o Diabo, anda em derredor.

Pedro escreveu para cristãos que estavam sendo testados em sua fé. Quem estava aplicando as provas? Quem levantava situações e pessoas contra aqueles irmãos? O Diabo, diz Pedro. Os turbilhões são momentos que nos vemos especialmente cercados pelo Inimigo, que quer nos provar para nos ver cair. Por isso precisamos ser sóbrios e vigilantes. Espiritualmente falando, precisamos olhar para todos os lados. Às vezes nos deixamos distrair por uma situação, mas o verdadeiro ataque está vindo por outro lado.

Vamos resumir tudo isso? Jamais diga algo baseado na dor do seu coração. Jamais difame alguém motivado por inveja e ciúme. Jamais ignore os conselhos das pessoas experientes. Jamais desconfie do cuidado de Deus. Jamais perca seu verdadeiro Inimigo de vista.

RECUPERANDO O CONTROLE
EM MEIO AO NOVO DE DEUS

Não é somente em dias ruins que perdemos o controle. Os dias muito bons também podem ameaçar nosso domínio próprio e nos levar a falar coisas tolas, porque estamos zonzos com as coisas novas que Deus tem feito em nossa vida.

O mesmo Pedro que escreveu o texto que acabamos de examinar perdeu o controle em uma situação que ele viveu anos antes, ainda na companhia de Jesus. Vamos estudar o episódio da Transfiguração e aplicá-lo à nossa vida.

> *Seis dias depois, Jesus tomou consigo Pedro, Tiago e João e os levou, em particular, a sós, a um alto monte. E Jesus foi transfigurado diante deles. As suas roupas se tornaram resplandecentes, de um branco muito intenso, como nenhum lavandeiro no mundo as poderia alvejar. E lhes apareceu Elias com Moisés, e estavam falando com Jesus. Então Pedro, tomando a palavra, disse a Jesus: "Mestre, bom é estarmos aqui. Façamos três tendas: uma para o senhor, outra para Moisés e outra para Elias". Pois não sabia o que dizer, por estarem eles apavorados. A seguir, veio uma nuvem que os envolveu; e dela veio uma voz que dizia: "Este é o meu Filho amado; escutem o que ele diz!". E, de repente, olhando ao redor, não viram mais ninguém com eles, a não ser Jesus* (MARCOS 9:2-8).

Tenho aprendido que perseverança também é um dos princípios para uma vida melhor.

1. PERSEVERE

> *Seis dias depois...*

A primeira lição que esse texto nos ensina é que devemos aprender a perseverar em nossa caminhada, porque não dá para saber quando algo novo ou sobrenatural acontecerá em nossa vida.

Pedro, Tiago e João andavam com o Senhor e viram vários milagres. Ouviram discursos duros de Jesus — em um deles, Pedro é duramente reprovado — e também o ouviam falar sobre sua futura morte e ressurreição. Em meio a tantas aventuras, entre milagres e ensinamentos, esses três discípulos não perderam o contato próximo com Jesus. Eles perseveraram em estar ao lado dele.

E seis dias depois...

A Bíblia enfatiza o período para entendermos o princípio de que qualquer hora é hora para viver algo inesperado vindo da parte do Senhor.

Quando você fica desatento em relação ao lugar pelo qual deve caminhar, acaba afastando-se de oportunidades de vivenciar grandes acontecimentos. Deus espera que você seja perseverante, pois, quando ele decidir virar a chave da sua vida, isso acontecerá de uma hora para outra.

> *Devemos aprender a perseverar em nossa caminhada, porque não dá para saber quando algo novo ou sobrenatural acontecerá em nossa vida.*

Está lembrado de José e Davi? José estava mais um dia na prisão, era mais um dia comum na vida de um prisioneiro, quando, de repente, alguém aparece e diz que Faraó estava chamando José. José se levantou, foi e nunca mais voltou para lá. Da administração da prisão, José foi para a administração do Egito.

Em mais um dia de trabalho exaustivo, Davi estava cumprindo seu ofício, cuidando das ovelhas do pai. De repente, ele recebe o convite para se juntar a seu pai, seus irmãos e o profeta Samuel num banquete. Naquele momento, ele é ungido e sua vida passa a nunca mais ser a mesma.

Quero dar um toque a você, querido leitor. Não se canse tão facilmente das coisas. Permaneça perseverante naquilo que Deus destinou a você para fazer. Se é para estar em um trabalho simples, permaneça. Se é para servir, sirva. Se é para semear, continue semeando. Saiba que todo propósito de Deus na sua vida irá se cumprir se você estiver perseverando no que ele lhe pediu para fazer.

2. RESPEITE O TEMPO DE CADA PESSOA

Jesus tomou consigo Pedro, Tiago e João.

Quantos discípulos Jesus tinha? Doze. Por que ele levou apenas três?

Não há explicação. Jesus resolveu levar só os três, e esse é um problema dele. Mas isso me ensina que não posso descarregar minhas frustrações em cima de alguém a quem Jesus deu um propósito diferente. Esta é a segunda lição: o respeito é um princípio básico para ter uma vida melhor.

Algumas pessoas vivem uma experiência com Deus mais cedo do que outras. Alguns recebem rapidamente uma restauração no relacionamento; outros, uma bênção financeira; outros ainda, uma cura. Alguns pastores abrem uma igreja e logo ela cresce. Alguns líderes criam um canal no YouTube e rapidamente milhares de seguidores aparecem. Alguns têm ideias que prontamente saem do papel e decolam. Alguns começam a fazer um esporte e logo se destacam. E o que você tem a ver com isso?

Não tenha raiva de alguém que está sendo levantado por Deus. Um dia é ele, no outro pode ser você. Nesse relato, não vemos os outros discípulos deixando de seguir a Jesus. Não os vemos abandonando o caminho ou fazendo um motim. Não! Eles entenderam que, naquele momento, eram apenas os três que precisavam estar com Jesus.

Precisamos aprender a respeitar o tempo dos outros, pois com respeito e perseverança logo chegará o seu tempo. Eu já vivi isso em várias áreas. Já vi amigos ganhando uma casa dos pais enquanto eu passava necessidade. Já vi igrejas crescendo enquanto a minha, em Ponta Grossa, Paraná, não tinha mais que 15 ou 20 pessoas depois de três anos e meio. Já vi pessoas prosperando, e eu me matando de trabalhar e nada acontecendo. Mas fui aprendendo a respeitar o tempo das pessoas e perseverando naquilo que era o meu papel. De repente, Deus virou algumas chaves em minha vida. Mas, antes disso, precisei suportar a pressão durante anos. Precisei vencer o meu ciúme em relação a quem estava à minha frente. Precisei perseverar no que Deus havia me falado, mesmo que as pessoas ao meu lado dissessem que eu estava errado. Respeito e perseverança levarão você e a mim a um caminho maravilhoso.

3. OLHE PARA CIMA

e os levou, em particular, a sós, a um alto monte.

Falamos no capítulo anterior sobre ter a perspectiva correta. Aqui, Jesus quer mostrar a seus discípulos como as coisas são vistas a partir do alto.

Deus é claro quando quer que alguém tenha esperança: ele convida a pessoa a olhar para cima. Quando Abraão já estava meio desanimado por ainda não ter tido um filho, alguém que desse continuidade à sua descendência, "o SENHOR levou-o para fora e disse: 'Olhe para os céus e conte as estrelas, se puder contá-las'. E lhe disse: 'Assim será a sua posteridade'" (Gênesis 15:5). Deus disse para Abraão olhar para cima.

> *Se você quer viver coisas grandes, aprenda a ir aos lugares mais altos em Deus.*

E por que para cima? "Elevo os meus olhos para os montes: de onde me virá o socorro? O meu socorro vem do SENHOR, que fez o céu e a terra" (Salmos 121:1-2). Se você quer viver coisas grandes, aprenda a ir aos lugares mais altos em Deus.

4. NÃO INTERROMPA A EXPERIÊNCIA

E lhes apareceu Elias com Moisés,
e estavam falando com Jesus.

Meu Deus! Você já imaginou essa cena? Os discípulos estavam tendo o maior privilégio que qualquer um gostaria de ter: estar na presença de Jesus, de Elias e de Moisés. Nessa hora, o que você faz? Fica em silêncio, observa e aprende o máximo possível dessa conversa. Essa é a quarta lição dessa passagem. Entretanto nem todos os presentes naquela cena estavam dispostos a agir dessa maneira.

Então Pedro, tomando a palavra, disse a Jesus.

NÃO, PEDRO! Não faça uma coisa dessas! Estavam ali três homens que marcaram a história. Vamos ver seus currículos. Um orou e desceu fogo dos céus. O outro falou face a face com Deus. O outro era simplesmente o filho de Deus. O que fazer? Ficar calado. Mas Pedro falou porque estava "apavorado" (v. 6). Em outras palavras, ele ficou tão abalado emocionalmente que não conseguiu ter o controle suficiente para aprender com o que estava vivenciando.

Precisamos aprender — em muitas situações — a entrar quieto e sair calado. Se você se encontra diante de uma exposição de sabedoria, não permita que sua emoção interrompa o aprendizado. Tome cuidado para não interromper conversas que podem mudar a sua história.

5. TENHA DISCERNIMENTO ESPIRITUAL

"Mestre, bom é estarmos aqui. Façamos três tendas: uma para o senhor, outra para Moisés e outra para Elias."

Ainda há outro detalhe aqui. Pedro não só interrompeu como também foi sem noção. Será que Jesus, Moisés e

Elias realmente queriam uma tenda para morar? Eles estavam em outra dimensão, e Pedro levava assuntos desta dimensão para uma conversa que ele não entendia. "Ora, a pessoa natural não aceita as coisas do Espírito de Deus, porque lhe são loucura. E ela não pode entendê-las, porque elas se discernem espiritualmente" (1Coríntios 2:14).

Precisamos tomar cuidado para não tratar situações espirituais com soluções terrenas. Tenda e habitação são importantes aqui, mas no mundo espiritual elas não têm relevância. Para que se preocupar com uma tenda de tecido se teremos uma habitação celestial, feita pelo próprio Jesus?

Isso se aplica a vários assuntos, em especial em relação ao chamado de cada um. Chamado e propósito são assuntos espirituais. Quando eu julgo o chamado de alguém usando medidas terrenas de sucesso e relevância, estou agindo na carne, e não segundo o Espírito. "Vivam no Espírito e vocês jamais satisfarão os desejos da carne. Porque a carne luta contra o Espírito, e o Espírito luta contra a carne, porque são opostos entre si, para que vocês não façam o que querem" (Gálatas 5:16-17).

> *Precisamos tomar cuidado para não tratar situações espirituais com soluções terrenas.*

Há gente julgando o chamado de outras pessoas, achando que essa é uma atitude espiritual. Mas nem imaginam o quanto isso as afasta da mentalidade de Cristo. Jamais trate assuntos espirituais com armas carnais. "Porque a nossa luta não é contra o sangue e a carne, mas contra os

RECUPERANDO O DOMÍNIO PRÓPRIO

principados e as potestades, contra os dominadores deste mundo tenebroso, contra as forças espirituais do mal, nas regiões celestiais. Por isso, peguem toda a armadura de Deus, para que vocês possam resistir no dia mau e, depois de terem vencido tudo, permanecer inabaláveis" (Efésios 6:12-13).

Precisamos cuidar dessa questão, não abrindo a boca em rodas de conversas em que o Espírito Santo não se faz presente.

6. APRENDA COM SEUS ERROS

Por fim, quando não souber o que falar, apenas observe, ouça e aprenda. Logo após a interrupção de Pedro, todos foram embora.

E, de repente, olhando ao redor, não viram mais ninguém com eles, a não ser Jesus.

Pedro, por não entender o poder do silêncio, deixou de ouvir uma conversa que poderia mudar sua história. Contudo, mesmo que Elias e Moisés tivessem ido embora, Jesus havia permanecido ali, e isso é maravilhoso. Com o tempo Pedro entendeu a importância do que ele havia perdido, e o vemos crescendo como apóstolo diante de Jesus.

Muitas vezes, estamos perdendo o controle, fazendo exatamente o contrário do que deveríamos fazer. Não perseveramos no que deveríamos e mudamos nossas raízes de lugar, não permitindo que elas se aprofundem. Não respeitamos o tempo do próximo e nos entristecemos

A ARTE DA VIDA

porque alguém está vivendo algo novo, enquanto nós não. Não teremos a perspectiva correta baixando o rosto e aceitando a depressão em vez de olhar para o alto. Por último, abrimos demais a boca e, pelo muito falar, não experimentamos o que realmente importa.

Em toda situação, cuide para não perder a chance de estar ao lado de Jesus. A experiência passou. Moisés e Elias foram embora, no entanto Jesus ficou. Ele jamais o deixará sozinho. Mesmo que você tenha perdido as maiores oportunidades da vida, saiba que Jesus continua dando-lhe a chance de mudar. Aproveite enquanto há tempo. "Eis que estou à porta e bato; se alguém ouvir a minha voz e abrir a porta, entrarei em sua casa e cearei com ele, e ele, comigo" (Apocalipse 3:20).

Moisés e Elias foram embora, no entanto Jesus ficou. Ele jamais o deixará sozinho.

A ARTE DE APRENDER

Neste capítulo, aprendemos que:

1. A boa, perfeita e agradável vontade de Deus levará você a superar com alegria as dificuldades que vier a enfrentar.

2. O quinto princípio é: não perca o controle. Perdemos o controle em duas situações:
   - Quando estamos no meio de um turbilhão;
   - Quando estamos vivendo algo novo em Deus.

RECUPERANDO O DOMÍNIO PRÓPRIO

3. Para recuperar o controle em meio a um turbilhão, devemos:
- Aprender a nos sujeitar
- Ser humildes
- Não ficar ansiosos
- Ser sensíveis à voz de Deus

4. Quando Deus está fazendo algo novo em nossa vida, é preciso:
- Perseverar
- Respeitar o tempo de cada pessoa
- Olhar para cima
- Não interromper a experiência
- Ter discernimento espiritual
- Aprender com seus erros.

A ARTE DE REFLETIR

1. Em que tipo de situação você se vê mais propenso a perder o controle?

2. Dos quatro pontos relacionados aos turbilhões de problemas, qual te parece mais difícil de colocar em prática?

3. Dos seis pontos relacionados ao novo de Deus em sua vida, qual atitude é mais difícil de tomar?

CAPÍTULO 6
ENTENDA SUA SINGULARIDADE

Temos visto que a vida boa, perfeita e agradável de Deus não exclui os problemas. Em vez disso, essas dificuldades servem para nos moldar e levar ao propósito que o Senhor tem para nós. Cada desafio que você vence, cada limitação que supera te aproxima do que Deus tem para você viver plenamente nesta vida e na eternidade.

Repare, porém, que não temos todos os mesmos problemas. Cada um tem suas forças e fraquezas; cada um é conduzido por um caminho único, assim como é único também o nosso chamado. Quando entendemos isso, começamos a viver de forma diferente. Em vez de eu querer ser igual a outras pessoas, aprimoro os talentos e dons que Deus me deu e que me tornam único. Luto as minhas batalhas sabendo que elas são apenas minhas, permitidas por um Deus bondoso e soberano que quer treinar pontos

A ARTE DA VIDA

específicos do meu caráter. Celebro as minhas conquistas e o meu tempo, sabendo que não há um padrão de crescimento, mas que Deus conduz a jornada de cada um.

Diferentemente do mundo, que prega um único padrão de vida bem-sucedida, no Reino de Deus, todos são vencedores. "Vocês não sabem que os que correm no estádio, todos, na verdade, correm, mas um só leva o prêmio? Corram de tal maneira que ganhem o prêmio" (1Coríntios 9:24). Cada um corre sua própria corrida e alcança seu prêmio quando é perseverante na fé em Deus. Não disputamos uns com os outros, mas prosseguimos em direção ao que Deus tem para cada um de nós.

> *Diferentemente do mundo, que prega um único padrão de vida bem-sucedida, no Reino de Deus, todos são vencedores.*

Nos fazer desviar o foco dessa verdade é uma das armas do Inimigo. Quando ele te leva a questionar sua autenticidade, você não consegue se satisfazer com seus dons, com seu chamado, com sua corrida. Você passa a viver em busca de ser e fazer o que jamais foi chamado por Deus a experimentar. Neste princípio, vamos conversar sobre proteger o que torna você único.

PRINCÍPIO 6:
PROTEJA O QUE FAZ VOCÊ ÚNICO

Davi, por ser autêntico, encontrou esperança onde ninguém esperava. Segundo o dicionário, esperança é o sentimento de quem vê como possível a realização daquilo que deseja. Na Bíblia, isso se chama fé: "Ora, a fé é a certeza de coisas que se esperam, a convicção de fatos que não se veem" (Hebreus 11:1).

Davi viu uma situação delicadíssima! O interessante é que todo mundo também havia visto a mesma coisa. Todos ouviram os insultos de Golias, mas ninguém teve a atitude de Davi. Enquanto todos, sem exceção, ficaram paralisados de medo, a esperança de Davi fez com que ele tivesse uma perspectiva diferente dos outros. Enquanto os soldados experientes viam um gigante invencível, o pastor de ovelhas enxergou mais um urso ou leão que poderia derrotar. Ele dizia: "Quem é esse filisteu incircunciso para afrontar os exércitos do Deus vivo?" (1Samuel 17:26).

Davi era o único que enxergava aquela situação não como um duelo entre dois guerreiros, mas como uma batalha espiritual. Por ter a perspectiva correta, ele não teve medo de Golias. Logo começou a correr pelo acampamento notícias de um jovem valente que não se intimidava com a ameaça do gigante. O rei Saul ficou sabendo e mandou chamar Davi.

Davi disse a Saul: "Que ninguém desanime por causa dele. Este seu servo irá e lutará contra esse filisteu".

Porém Saul disse a Davi: "Você não poderá ir contra esse filisteu para lutar contra ele. Você ainda é jovem, e ele é guerreiro desde a sua mocidade" (1SAMUEL 17:32-33).

Saul não conseguia ver a situação do mesmo ponto de vista que Davi. Além disso, ele também não conseguia ver as qualidades que Davi tinha. Muitos não entenderão a forma como Deus te usa, nem os talentos que Deus colocou em sua vida. Porém, se você também não conseguir enxergar as coisas da perspectiva correta, então terá um problema enorme. Uma coisa é alguém não enxergar sua singularidade, outra — bem diferente — é você se deixar rotular pelo que os outros estão vendo. Você precisa ter intimidade com quem o criou e ser sensível para ver o que sua história o ensinou a fazer.

> *Muitos não entenderão a forma como Deus te usa, nem os talentos que Deus colocou em sua vida. Porém, se você também não conseguir enxergar, então terá um problema enorme*

Davi entendia muito bem disso. Em vez de dizer a Saul: "O senhor tem razão. Eu vou embora", ele deu uma resposta bem interessante.

1. APRECIE SUAS MARCAS

Este seu servo apascentava as ovelhas do pai. Quando vinha um leão ou um urso e levava um cordeiro do rebanho, eu saía atrás dele, batia nele e livrava o cordeiro da sua boca. Se ele se levantava contra mim, eu o agarrava pela barba e o golpeava até matá-lo. Este seu servo matou tanto o leão como o urso. Este filisteu incircunciso será como um deles, porque afrontou os exércitos do Deus vivo. E Davi continuou: O Senhor me livrou das garras do leão e das garras do urso; ele me livrará das mãos desse filisteu (1 SAMUEL 17:34-37).

ENTENDA SUA SINGULARIDADE

Quem tem gato sabe que, muitas vezes, eles nos arranham sem querer e até deixam cicatrizes. Davi não brincou com gatinhos, mas enfrentou um leão para livrar as ovelhas de seu pai — certamente ele carregava as cicatrizes desse confronto. Quando o rei não consegue enxergar do mesmo ponto de vista de Davi, este o ajuda, mostrando as marcas que o leão havia feito em seus braços. À medida que mostrava, a ideia de Saul sobre Davi começava a mudar.

O que convenceu o rei Saul a permitir que um menino representasse o povo em um duelo de guerreiros foram as marcas e a história desse menino! Portanto, jamais reclame das marcas que Deus permitiu que tivesse, pois elas serão o que você precisará para entrar em uma nova fase.

Quais marcas? Aquelas que sua história colocou em sua vida. Quando você não entende sua singularidade, despreza o que Deus ordenou para você viver em sua história. Todo mundo tem uma história, e todo mundo tem experiências. Davi entendeu isso e disse: "Eu já enfrentei um urso e um leão. Eu já os matei e sei como fazer". Não podemos desprezar o que passamos na vida porque tudo está sendo armazenado como experiência. Um dia, teremos que ativar a memória para saber o que fazer e o que não fazer.

> *Jamais reclame das marcas que Deus permitiu que tivesse, pois elas serão o que você precisará para entrar em uma nova fase.*

Ter uma boa memória é algo que nos levará a uma vida melhor. Tem gente que se esquece muito rápido das lições

A ARTE DA VIDA

de vida e insiste em cair nos mesmos erros. Você precisa entender que todos nós iremos errar, porém não podemos repetir os erros. Uma boa memória ajudará cada um de nós a crescer e amadurecer.

2. ENTENDA SEUS MÉTODOS

Saul primeiramente não acreditou em Davi. Quando acreditou que o menino tinha alguma capacidade, tentou encaixá-lo em seus parâmetros: "Saul vestiu Davi com a sua própria armadura, pôs um capacete de bronze na cabeça dele, e o vestiu com uma couraça" (1Samuel 17:38).

A ideia era: "Davi, você pode ir, mas faça do meu jeito". O que você faria nesse instante? Mesmo sem experiência alguma, ele tinha a oportunidade de usar a armadura real. Quantos ficariam lisonjeados e diriam "Uau! É um privilégio usar essas armas"? Davi, porém, entendeu algo poderosíssimo. Seus métodos diferiam do método dos outros.

Existe uma lei muito importante no Reino de Deus: princípios são imutáveis, mas métodos podem mudar. Ou seja, os valores do Reino são imutáveis, mas Deus pode usar cada um de uma maneira diferente para cumprir seu propósito.

Por exemplo, eu sou uma pessoa diurna; gosto de dormir cedo e acordar cedo. Então, para mim, acordar no meio da madrugada para orar não é pesado. Certa vez, uma pessoa me disse que não aguentaria fazer isso, pois ela dormia muito tarde. Eu disse que ela poderia usar o relógio biológico a seu favor. Se dormia tarde, em vez de ficar na internet antes de pegar no sono, que tivesse seu tempo de

ENTENDA SUA SINGULARIDADE

oração depois da meia-noite, quando a família já havia ido dormir.

Entenda quais são os métodos que Deus deu somente a você. O que você faz que o torna único? Quais são seus maiores talentos? Saul não acreditou em Davi, pois viu seu exterior, porém Davi sabia quem ele era por dentro. Por causa disso, ele entendeu que, quando você protege sua singularidade, você não olha o que todo mundo está olhando e, assim, consegue perceber o que ninguém está vendo. Davi não tinha aparência de guerreiro, ele tinha cara de menino, porém suas armas eram internas e podiam ser resumidas em duas palavras: experiência e visão. Por isso, disse: "Rei, eu já fiz isso uma vez", e conta da sua experiência contra leões e ursos. Saul talvez não pensasse assim, mas Davi compreendia bem o seu método.

> *Entenda quais são os métodos que Deus deu somente a você. O que você faz que o torna único? Quais são seus maiores talentos?*

Quando você estiver diante de uma situação delicada, aprenda a ter a perspectiva correta. Em vez de olhar para o exterior, olhe profundamente para o seu interior. Veja por quantas vezes você passou por situações delicadas e veja quantas vezes Deus o livrou delas. Cada experiência da sua vida não foi à toa. Elas tiveram a missão de prepará-lo para desafios. Se você não tiver sua perspectiva ajustada, acabará olhando apenas para o exterior e ficará desanimado.

Davi não desanimou porque teve a perspectiva correta e, por tê-la, não se sujeitou a ser uma cópia de alguém, mesmo que esse alguém fosse o rei. Você não precisa ser outra pessoa para ter valor para Deus. Seu valor está em sua identidade e em sua autenticidade. Pare de imitar o que outros estão fazendo, pare de fazer o que você jamais foi chamado a fazer. Ajuste seu foco e faça o seu melhor com o que Deus entregou a você.

3. RECONHEÇA SUAS LIMITAÇÕES

Davi decidiu usar as armas adequadas para ele, pois sabia que elas iriam funcionar. Para isso, ele teve mais uma atitude, foi humilde e reconheceu suas limitações: "Davi cingiu a espada sobre a armadura e tentou andar, pois jamais a havia usado. Então Davi disse a Saul: 'Não posso andar com isto, porque nunca o usei'. E Davi tirou aquilo de sobre si" (1Samuel 17:39).

Você teria coragem de dizer não a uma proposta do rei? Pois é, Davi teve. Ele foi ousado em reconhecer o que sabia fazer quando disse para o rei como havia vencido um leão e um urso. Mas também foi humilde para reconhecer que ele jamais havia usado aquelas armas e, por isso, não poderia utilizá-las naquele momento de sua vida. Mais tarde, vemos que Davi se tornou um habilidoso guerreiro. Ou seja, ele aprendeu a usar escudos e espadas. No entanto, naquela hora, foi humilde para reconhecer que ainda não tinha as habilidades necessárias para manejar aqueles itens.

A pessoa que é autêntica e singular consegue ser efetiva no que faz simplesmente porque sabe o que funciona e o que não funciona em sua vida. Ela coloca o foco naquilo em que é forte. Acredite, atitudes assim farão toda a diferença. Ser sincero com você mesmo e deixar de fazer o que

ENTENDA SUA SINGULARIDADE

você jamais foi chamado a fazer trará, além de alívio, vitórias e mais vitórias.

Davi, então, diz não às armas do rei e pega aquilo que lhe é familiar: "Pegou o seu cajado na mão, escolheu cinco pedras lisas do ribeiro, e as pôs no alforje de pastor, que trazia consigo. E, com a sua funda na mão, foi na direção do filisteu" (1Samuel 17:40). Aquilo que era simples aos olhos do rei acabou se tornando o instrumento de libertação para o povo.

4. NÃO SE PREOCUPE EM SER ADEQUADO, MAS EM SER CORAJOSO

O filisteu olhou e, vendo Davi, o desprezou, porque era apenas um moço ruivo e de boa aparência (1SAMUEL 17:42).

Quando olhamos para essa cena, vemos que não havia condições humanas para acreditar em Davi. Saul estava tão perdido que permitiu que o jovem pastor lutasse contra Golias. Davi era a última alternativa, mas a última alternativa foi a solução. Isso nos ensina a não desperdiçar nenhuma alternativa. Mesmo que você não tenha o que os outros esperam, e mesmo que você seja julgado por sua aparência, lembre que você é a alternativa de Deus e que só precisa de coragem para assumir isso.

> A pessoa que é autêntica e singular consegue ser efetiva no que faz simplesmente porque sabe o que funciona e o que não funciona em sua vida. Ela coloca o foco naquilo em que é forte.

A ARTE DA VIDA

Davi era de boa aparência, porém, um dos camaradas mais corajosos daquela época. Enquanto todos os soldados estavam paralisados de medo, Davi, com o que tinha nas mãos — apenas cinco pedras e seu grande e único estilo — venceu aquele enorme desafio.

Não há problema nenhum em ter uma aparência diferente do que esperam. A única coisa que não pode faltar em sua vida é a coragem de usar o que Deus lhe deu para enfrentar os desafios que, aos olhos dos outros, parecem maiores que você.

A coragem te levará a uma vida melhor. Davi foi extremamente corajoso. Ele teve coragem de ver naquele desafio uma oportunidade. Teve coragem de pedir autorização para a maior autoridade da nação. Teve coragem para dizer não às armas reais. Teve coragem para pegar o que lhe era familiar — cinco pedras — e teve coragem de superar os insultos de Golias. Teve coragem de tomar a iniciativa na luta.

> *Não há problema nenhum em ter uma aparência diferente do que esperam. A única coisa que não pode faltar em sua vida é a coragem de usar o que Deus lhe deu para enfrentar os desafios que, aos olhos dos outros, parecem maiores que você.*

5. USE AS ARMAS DO INIMIGO A SEU FAVOR

Davi meteu a mão no alforje, tirou dali uma pedra e, com a sua funda, a atirou contra o filisteu, atingindo-o na testa. A pedra se encravou na testa, e ele caiu com o rosto no chão.

ENTENDA SUA SINGULARIDADE

Assim Davi derrotou o filisteu, com uma funda e com uma pedra. Ele o derrubou e o matou. Não havia nenhuma espada na mão de Davi. Por isso, Davi correu e, lançando-se sobre o filisteu, pegou a espada dele, tirou-a da bainha e o matou, cortando com ela a cabeça dele (1SAMUEL 17:49-51).

Davi começou a lutar com suas pedras, com o que tinha nas mãos. Com apenas uma delas, derrubou o gigante. Porém, para terminar o serviço e declarar a vitória, ele precisou de uma espada. Como não tinha nenhuma em mãos, usou a que estava à disposição: a espada do próprio Golias.

Davi não foi ignorante, em vez disso, foi sábio, prudente e sagaz. Ele usou a seu favor a ferramenta que era contra ele. Quando você entende quem você é em Deus e protege sua singularidade, as armas que o inimigo usa contra você serão as mesmas que lhe darão a vitória. "O SENHOR fará com que os inimigos que se levantarem contra vocês sejam derrotados na presença de vocês; eles virão contra vocês por um caminho, mas fugirão da presença de vocês por sete caminhos" (Deuteronômio 28:7).

> *Quando você entende quem você é em Deus e protege sua singularidade, as armas que o inimigo usa contra você serão as mesmas que lhe darão a vitória.*

Cuide daquilo que Deus lhe deu, tenha esperança, tenha boa memória, aprenda com sua história, aprenda a não se comparar e tenha muita coragem, pois com essas atitudes, muita coisa será diferente em sua vida.

A ARTE DA VIDA

A ARTE DE APRENDER

Neste capítulo, aprendemos que:

1. Cada desafio que você vence, cada limitação que supera o aproxima do que Deus tem para você viver plenamente nesta vida e na eternidade.

2. O sexto princípio diz respeito a proteger o que o torna único. Você faz isso tomando as seguintes atitudes:
   - Aprecie suas marcas
   - Entenda seus métodos
   - Reconheça suas limitações
   - Não se preocupe em ser adequado, mas em ser corajoso
   - Use as armas do inimigo a seu favor

A ARTE DE REFLETIR

1. Quais são as marcas que você carrega e que o tornam único no meio em que vive?

2. Você já tentou agir pelo método de outras pessoas? O que deu certo e o que não deu?

3. De que maneira você pode agir com coragem em relação às batalhas que tem enfrentado?

CAPÍTULO 7
O PAI TÁ ON!

Diante dos problemas, temos duas possibilidades: jogar tudo para o alto ou suportá-los e entrar em uma nova fase da nossa vida. Sabemos que a vida não é feita de algodão, e aquele que se compromete a seguir Jesus encontra desafios adicionais, como o próprio Senhor apontou:

Não pensem que eu vim trazer paz à terra; não vim trazer paz, mas espada. Pois vim causar divisão entre o homem e o seu pai; entre a filha e a sua mãe e entre a nora e a sua sogra. Assim, os inimigos de uma pessoa serão os da sua própria casa. Quem ama o seu pai ou a sua mãe mais do que a mim não é digno de mim; quem ama o seu filho ou a sua filha mais do que a mim não é digno de mim; e quem não toma a sua cruz e vem após mim não é digno de mim. Quem acha

A ARTE DA VIDA

a sua vida a perderá; e quem perde a vida por minha causa,
esse a achará (MATEUS 10:34-39).

Viver da maneira proposta por Jesus é ir na contramão do que o mundo prega. Quem voluntariamente escolheria viver em pé de guerra dentro de casa ou carregar uma cruz que o levará à morte? O mundo diria que é loucura, mas a Bíblia diz que não devemos guiar nossos pensamentos segundo os valores mundanos: "E não vivam conforme os padrões deste mundo, mas deixem que Deus os transforme pela renovação da mente, para que possam experimentar qual é a boa, agradável e perfeita vontade de Deus" (Romanos 12:2). É apenas em oposição aos padrões do mundo que experimentamos a vontade de Deus.

Apesar de todas as garantias que a Palavra dá de que a vida como seguidor de Jesus não é fácil, nosso Senhor faz uma afirmação ainda mais forte: "Falei essas coisas para que em mim vocês tenham paz. No mundo, vocês passam por aflições; mas tenham coragem: eu venci o mundo" (João 16:33).

Haverá dias difíceis? Sim! Mas eles poderão ser superados? Claro que sim! Existe uma maneira de passar por essa vida enfrentando desafios e cumprindo um propósito. Nascemos para esse fim. Nascemos para ser embaixadores do Reino e extensão das mãos de Deus na terra. Porém, não é porque os dias serão difíceis que eu não posso curtir o processo. Esse é um segredo da vida. Já que terei que pegar uma estrada, que eu vá curtindo o trajeto.

Quando olhamos para a vida de José, vemos que ele teve todos os motivos do mundo para ser uma pessoa amargurada. No entanto, a cada golpe que a vida lhe dava, ele aproveitava para fazer o melhor naquele momento. Ele foi vendido como escravo e enviado para uma terra distante; chegando lá, serviu a casa do seu senhor com maestria. Depois, foi preso injustamente, mas foi o melhor administrador carcerário que aquela prisão já teve. Quando foi promovido a governador da nação mais poderosa do mundo, ele cumpriu com muito zelo sua nova função. Pessoas amarguradas não deixam um legado como o de José. Por onde ele passava, pessoas eram tocadas por sua excelência; onde quer que ele estivesse, Deus respaldava as obras de suas mãos. Por duas vezes a Bíblia diz que Deus estava com José — e isso era notado pelas outras pessoas:

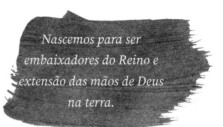

Nascemos para ser embaixadores do Reino e extensão das mãos de Deus na terra.

> *O Senhor Deus estava com José, que veio a ser homem próspero e estava na casa de seu dono egípcio. Potifar viu que o Senhor estava com José e que tudo o que ele fazia o Senhor prosperava em suas mãos.* (GÊNESIS 39:2-3).

> *O Senhor, porém, estava com José, foi bondoso com ele e fez com que encontrasse favor aos olhos do carcereiro* (GÊNESIS 39:21).

Somos a casa e o templo do Espírito Santo. Quando ele está em casa, sua presença deve ser notada e partir de nossas atitudes. Se suas atitudes condizem com os ensinamentos de Deus, então, o Pai tá on!

PRINCÍPIO 7:
VIVA NO PODER DO ESPÍRITO

Temos aprendido que a cultura está nas pessoas. Se você quer conhecer um pouco da cultura japonesa, não precisa ir ao Japão. Se você for a um restaurante japonês, terá contato com um pouco da cultura daquele país, pois as pessoas conduzem uma cultura. Quando falamos do Reino de Deus, a ideia é a mesma. A pessoa não precisa morrer e ir para o céu para ter contato com a cultura do Reino. Basta ela ter acesso a pessoas que a vivam. O problema é que não são poucos que dizem ter essa cultura, mas não a transparecem.

Certa vez ouvi a seguinte frase: "Se uma dama precisa dizer que é uma dama, com essa atitude ela já está dizendo que não é". Da mesma forma, se um líder precisa dizer que é o líder, na realidade, ele está mostrando que pode ser tudo, menos o líder. Em termos de Reino, se eu preciso falar que o Pai está em casa — nessa casa que sou eu — e entrar em discussões para provar que o Espírito Santo habita em mim, isso só demonstra que essa não é a minha realidade. Quando o Pai tá on, você não precisa falar. A presença dele é notória. A luz dele brilha através da nossa vida e todos conseguem enxergar isso.

> *A pessoa não precisa morrer e ir para o céu para ter contato com a cultura do Reino. Basta ela ter acesso a pessoas que vivam essa cultura.*

Uma maneira que a presença do Espírito se faz perceptível em nós é pelo fruto que ele produz:

O PAI TÁ ON!

Mas o fruto do Espírito é: amor, alegria, paz, longanimidade, benignidade, bondade, fidelidade, mansidão, domínio próprio. Contra estas coisas não há lei (GÁLATAS 5:22-23).

Todo mundo, até que se prove o contrário, é bondoso, paciente, autocontrolado. Morando sozinho e não interagindo com ninguém, qualquer um consegue manter a calma e a paz. Mas coloque essa pessoa no trânsito, faça com que ela seja injustiçada ou a deixe trabalhando sem que seu líder esteja perto. Veremos bondade, paciência, calma, paz e autocontrole?

Muitas pessoas que frequentam a igreja, na hora que precisam viver o que aprendem, deixam muito a desejar. Dizem que o Pai tá on, mas tiram dinheiro do caixa da empresa, mentem na maior cara de pau e agem pelas costas dos outros. Suas atitudes produzem o que Paulo chamou de "obras da carne".

Muitos dizem que o Pai tá on, mas não conseguem se controlar. Quando percebem, agiram como não deveriam, tornando real o alerta que o Senhor fez a Caim antes de ele matar o irmão: "Se fizer o que é certo, não é verdade que você será aceito? Mas, se não fizer o que é certo, eis que o pecado está à porta, à sua espera. O desejo dele será contra você, mas é necessário que você o domine" (Gênesis 4:7).

Todos seremos tentados a agir de modo contrário à nossa essência, não importa a condição de vida que tivemos ou a cultura na qual crescemos. Dentro de cada um de nós há uma essência pura e uma cultura real. Diariamente, seremos tentados a abandonar essa essência. Feliz é aquele que

A ARTE DA VIDA

aprende a dominar a vontade contrária, a não ceder à tentação e viver controlado pelo Espírito. Quando o Pai tá verdadeiramente on, suas atitudes serão reflexo das atitudes dele. "É melhor ter paciência do que ser herói de guerra; o que domina o seu espírito é melhor do que o que conquista uma cidade" (Provérbios 16:32).

Quando o Pai tá on, somos instrumentos para saciar a fome e a sede das pessoas que estão ao nosso redor. Por isso, devemos estar sempre preparados.

> *Procure apresentar-se a Deus aprovado, como obreiro que não tem de que se envergonhar, que maneja bem a palavra da verdade. Evite, igualmente, os falatórios inúteis e profanos, pois os que se entregam a isso avançarão cada vez mais na impiedade* (2TIMÓTEO 2:15-16).

Uma das formas de estar preparado e aprovado é evitar "falatórios inúteis e profanos". Hoje, a internet deu voz para todo mundo. As pessoas criam perfis falsos para caluniar desafetos. Todo mundo está errado e perdido — e ao mesmo tempo todo mundo é dono da verdade. Podem até parecer intelectuais, pessoas que vieram para denunciar o que está errado, mas eu acredito que isso não é manifestar o Reino, muito menos manifestar que o Pai tá on. A Bíblia diz que, para ser considerado um obreiro aprovado, é preciso evitar essas discussões que não levam a lugar nenhum.

Nos assentar e descansar aos pés de Jesus nos levará a viver a boa, perfeita e agradável vontade de Deus.

O PAI TÁ ON!

Mas preste atenção para este detalhe: não é só quem fala que está errando. Também erra quem empresta seus ouvidos (ou seus olhos) para essa fala. Já me perguntaram: "Você não lê nem ouve o que falam de você na internet?". Minha resposta sempre é negativa, pois o Pai tá on na minha vida quando gasto tempo na sala com ele, aprendendo aos seus pés, e não me defendendo nas redes sociais. Precisamos aprender a nos assentar aos pés de Jesus como Maria. Enquanto Marta, sua irmã, ocupava-se em fazer inúmeras coisas, Maria aproveitou e ficou ali quietinha aprendendo com Jesus. Marta, claro, não gostou da atitude da irmã, ela parecia uma preguiçosa. Ela pediu a Jesus que chamasse a atenção de Maria, mas veja o que Jesus respondeu à Marta:

Marta! Marta! Você anda inquieta e se preocupa com muitas coisas, mas apenas uma é necessária. Maria escolheu a boa parte, e esta não lhe será tirada (LUCAS 10:41-42).

Nos assentar e descansar aos pés de Jesus nos levará a viver a boa, perfeita e agradável vontade de Deus.

COMPARTILHANDO O PODER DO PAI

Dias depois, Jesus entrou de novo em Cafarnaum, e logo se ouviu dizer que ele estava em casa. Muitos se reuniram ali, a ponto de não haver lugar nem mesmo junto à porta. E Jesus anunciava-lhes a palavra (MARCOS 2:1-2).

A ARTE DA VIDA

Quando Jesus estava em casa, sua presença era notória e atraía os sedentos por sua palavra. A multidão foi até a casa, pois queria ouvi-lo. Tinha fome de sabedoria, sede de conhecimento e o desejo de ter a vida mudada. Mas as pessoas não foram sozinhas; elas levavam juntos tantos quantos encontrassem pelo caminho: "Trouxeram-lhe, então, um paralítico, carregado por quatro homens" (Marcos 2:3). Havia um grupo de amigos que ouviu dizer que Jesus estava em casa e que o Pai estava on. Eles não só foram até lá como levaram junto o amigo que não podia ir.

Pessoas que entendem o que Jesus pode fazer em suas vidas não querem o poder de Deus só para elas, mas também para as pessoas que elas amam.

Ninguém sabe como foi o diálogo deles antes de saírem. Talvez o paralítico tenha dito: "Pessoal, vão vocês! Podem me deixar aqui! Vai dar o maior trabalho me levar junto". E talvez os quatro tenham se entreolhado e respondido: "Jamais! Meu querido amigo, *o Pai tá on*! Jesus está na casa. Você acha que a gente vai o deixar aqui?".

Essa é uma característica de pessoas que entendem o que Jesus pode fazer em suas vidas. Elas não querem o poder de Deus só para elas, mas também para as pessoas que amam.

O evangelismo, a proclamação do que você vive, também é uma regra para uma vida melhor. Viver uma vida que vale a pena tem a ver com envolver outras pessoas nessa vida. "Vão por todo o mundo e preguem o evangelho a toda criatura" (Marcos 16:15).

O PAI TÁ ON!

Einstein disse que só começamos a viver quando vivemos para os outros. Esses quatro homens não quiseram entrar na casa sozinhos. A ideia era: "Se a gente vai ter a vida transformada, não iremos deixar você para trás". Eles levaram o amigo, mesmo contra a vontade dele. Como não tinha o que fazer, o homem deixou-se ser levado, e algo maravilhoso aconteceu. Com esses quatro homens, aprendemos algumas atitudes que precisamos ter quando o Pai tá on.

1. BUSCAR UMA SAÍDA CRIATIVA

Ao chegarem lá, os amigos depararam com uma complicação: a casa estava cheia e não dava para chegar perto de Jesus. O que fazer? Dar meia volta e usar a multidão como desculpa para desistir? Ou entender que, quando o Pai tá on, sua casa é igual coração de mãe, onde sempre cabe mais um?

Aqui entra mais uma lição: a criatividade também te levará a uma vida melhor.

E, não podendo aproximar-se de Jesus, por causa da multidão, removeram o telhado no ponto correspondente ao lugar onde Jesus se encontrava e, pela abertura, desceram o leito em que o paralítico estava deitado (MARCOS 2:4).

Quando o Pai tá on, as pessoas passam por cima de qualquer obstáculo para se encontrar com ele. Se está frio, vestem uma blusa. Se está chovendo, pegam um guarda-chuva. Se a igreja está cheia, chegam mais cedo para conseguir um lugar. Muitas vezes, porém, vemos o contrário. Tudo vira mo-

> *Quando o Pai tá on, a pessoa usa criatividade para se aproximar dele, indo onde sua Palavra é ensinada.*

tivo para não ir à igreja, para não assistir ao culto, as mais criativas desculpas começam a brotar. Mas, quando o Pai tá on, a pessoa usa essa criatividade para se aproximar dele, indo aonde sua Palavra é ensinada. Os amigos olharam para a casa lotada de gente e, em vez de desistirem, foram criativos: "Se não dá para entrar pela porta, vamos descer pelo telhado!".

2. SE PREOCUPAR COM O PRÓXIMO

A abnegação leva-nos a uma vida diferente. Aqueles homens não pensaram somente neles, no que eles pediriam para Jesus. Eles pensaram no amigo doente. Abriram mão de coisas pessoais em favor de um amigo, incomodando-se o bastante para fazer o que era necessário.

Quando o Pai tá on, sua visão é ampliada e, em vezem vez de olhar apenas para o que Deus pode fazer por você,

> *Quando o Pai tá on, sua visão se amplia um pouco e, ao invés de olhar apenas para o que Deus pode fazer por você, você começa a ver como Deus pode usá-lo para ser instrumento na vida de outros.*

você começa a ver como Deus pode usá-lo para ser instrumento na vida de outros. A sua oração não é focada somente no que você quer receber de Deus, mas no que outras pessoas precisam, e mais: em como você pode ser instrumento de Deus e resposta de oração na vida delas.

3. COOPERAR

Foram necessários quatro homens para carregar o amigo até Jesus. Tenho certeza de que, enquanto levavam o leito — uma espécie de maca — pela rua, cada um percebeu a importância do outro. Dificilmente um deles carregaria o amigo paralítico sozinho. Eles só seriam bem-sucedidos se cada um continuasse a segurar seu lado da maca.

Acredito que o fracasso da missão seria inevitável se algum deles resolvesse cuidar dos próprios interesses. Quando o "Pai tá on", você não quer chegar ao objetivo sozinho. Você quer contar com a ajuda do maior número possível de pessoas. É quando você começa a ver que a vida é muito mais do que o quintal da sua casa; que há pessoas que precisam daquilo que Deus entregou em suas mãos e que você precisa daquilo que Deus entregou a outros. Seus dons e talentos foram-lhe dados para um fim, e há gente que precisa que você se disponha a ser instrumento do Senhor para que elas alcancem o propósito de Deus na vida delas. Da mesma forma, você não alcançará tudo sozinho: há etapas em sua vida que só serão vencidas com a ajuda de outros.

> *Quando o Pai tá On, você não quer chegar ao objetivo sozinho. Você quer contar com a ajuda do maior número possível de pessoas.*

Vemos isso na prática nos ministérios da igreja. Para que um culto possa acontecer, uma multidão de voluntários precisa trabalhar. Se um falta, sobrecarrega outros. É a vivência do que Paulo ensinou:

A ARTE DA VIDA

> *Seguindo a verdade em amor, cresçamos em tudo naquele que é a cabeça, Cristo, de quem todo o corpo, bem-ajustado e consolidado pelo auxílio de todas as juntas, segundo a justa cooperação de cada parte, efetua o seu próprio crescimento para a edificação de si mesmo em amor (EFÉSIOS 4:15-16).*

4. TER FÉ EM JESUS

É importante ressaltar que os quatro homens passaram por todos os obstáculos porque tinham a firme fé de que Jesus era a única resposta. Quando o Pai tá on, nossa fé está só nele. Os quatro tinham a convicção de que apenas Jesus poderia cuidar do problema do amigo, e isso lhes deu coragem e determinação.

Você já parou para pensar em quantas desculpas eles poderiam ter dado para não subir com o amigo até o telhado da casa? "Ele é pesado demais!", "Tem muita gente!", "Chegamos tarde!", "Perdemos a oportunidade!" Eles poderiam ter desanimado, voltado para casa e, com isso, perderiam o milagre. Mas eles se recusaram a desistir porque o Pai estava on.

Quando o Pai tá on, desistir não é e jamais será uma opção. Só há um caminho a seguir: o da frente. "'O meu justo viverá pela fé; e, se retroceder, dele a minha alma não se agradará.' Nós, porém, não somos dos que retrocedem para a perdição, mas somos da fé, para a preservação da alma" (Hebreus 10:38-39).

> *Quando o Pai tá on, desistir não é e jamais será uma opção.*

Os quatro amigos olharam para as dificuldades e conseguiram focar em Jesus. Viram que o Pai estava on, e isso lhes

O PAI TÁ ON!

deu esperança. Essa esperança os fez agir e, quando agiram, algo aconteceu: "Vendo-lhes a fé, Jesus disse ao paralítico: 'Filho, os seus pecados estão perdoados'" (Marcos 2:5).

Uma coisa é Jesus estar na casa, outra bem diferente é chamar a atenção dele. Mas eles conseguiram. Agiram baseados na fé. Agiram sabendo que algo iria acontecer, e essa atitude chamou a atenção de Jesus. "De fato, sem fé é impossível agradar a Deus" (Hebreus 11:6). Quando o Pai tá on, você não só diz que crê nele, como também age de acordo com essa fé.

SE VOCÊ CRER

Olhe para as dificuldades que se encontram à sua frente e entenda que desculpas não te levarão a lugar nenhum. Quando o Pai tá on, sua ação, baseada em sua fé, chamará a atenção dele e consequentemente o milagre que você tanto está buscando chegará. Quando o Pai tá on, coisas incríveis acontecem! Permita que elas aconteçam em sua vida também.

> *Quando o Pai tá on, sua ação, baseada em sua fé, chamará a atenção dele e consequentemente o milagre que você tanto está buscando chegará.*

> *Eu digo a você: "Levante-se, pegue o seu leito e vá para casa". Ele se levantou e, no mesmo instante, pegando o leito, retirou-se à vista de todos, a ponto de todos se admirarem e darem glória a Deus, dizendo: "Jamais vimos coisa assim!"*
> (MARCOS 2:11-12).

A ARTE DA VIDA

A ARTE DE APRENDER

Neste capítulo, aprendemos que:

1. Nascemos para ser embaixadores do Reino e extensão das mãos de Deus na terra.

2. O sétimo princípio para uma vida melhor é entender que o Pai tá on. Demonstramos isso por meio do autocontrole e dos demais frutos do Espírito.

3. Quando entendemos o que Jesus pode fazer em nossa vida, não queremos o poder de Deus apenas para nós, mas também para as pessoas que amamos.

4. Algumas atitudes que precisamos ter quando o Pai tá on:
   - Buscar uma saída criativa
   - Preocupar-se com o próximo
   - Cooperar
   - Ter fé em Jesus

5. Quando o Pai tá on, sua ação baseada em fé chama a atenção dele, e o milagre que você tanto busca chega.

A ARTE DE REFLETIR

1. De que modo você percebe que o Pai tá on na sua vida? Como as outras pessoas percebem isso?

O PAI TÁ ON!

2. Pense em uma pessoa com quem você possa compartilhar o poder e o amor de Jesus nesta semana.

3. Atualmente, em quais situações da sua vida, você precisa exercitar sua fé em Jesus? De que maneira você poderá demonstrar a ele que tem fé?

CAPÍTULO 8
NÃO DESANIME!

Temos visto que, embora tenhamos dias delicados pela frente, eles poderão ser vencidos no Senhor.

O choro pode durar uma noite, mas a alegria vem pela manhã (SALMOS 30:5).

Falei essas coisas para que em mim vocês tenham paz. No mundo, vocês passam por aflições; mas tenham coragem: eu venci o mundo (JOÃO 16:33).

Mas será fácil viver assim? Será que o desânimo pode nos alcançar no meio do caminho? Se isso acontecer, será possível se reanimar em Deus? Dá para voltar com força total?

PRINCÍPIO 8:

REANIME-SE NO SENHOR

Quando olhamos para a história do grande rei Davi, podemos ver que, certa vez, ele foi quase vencido pelo desânimo. Depois de ter sido ungido pelo profeta e aclamado pelo povo, Davi tornou-se alvo da ira de Saul, que era o rei de Israel no momento. Saul tentou matar Davi inúmeras vezes, e este fugiu para preservar sua vida.

Davi estava sentindo-se inseguro quanto ao seu propósito. Estava defensivo a respeito de sua liderança e havia perdido a confiança em Israel. Então, ele foi para a terra dos filisteus. Eles eram um povo hostil, era terra de inimigos. Lembre-se de que Davi ganhou renome justamente por derrotar Golias, o herói de guerra dos filisteus.

Certamente o nome de Davi era comentado na região, e as pessoas não eram muito fãs dele. Mesmo assim, Davi, cansado da injustiça que sofria na sua própria nação, preferiu morar na terra do inimigo. Quando Saul soube que Davi tinha pedido asilo entre os filisteus, parou de persegui-lo. E o rei dos filisteus, em vez de pedir a cabeça de Davi, deu a ele cidades, para que morassem nelas Davi, sua família, seu pequeno exército de seiscentos homens e também as famílias de seus soldados (1Samuel 27:2-7). De forma inexplicável, os inimigos trataram o futuro rei de Israel com mais honra do que o próprio povo dele.

Certo dia, os exércitos de Israel e dos filisteus reuniram-se para um batalha. A Bíblia não deixa claro o motivo, mas nos conta que o rei dos filisteus quis que Davi fosse lutar com ele: "Fique sabendo que você irá comigo para a batalha, você e os seus homens". Davi foi leal àqueles que lhe deram guarida e disse ao rei: "Assim você saberá o quanto este seu servo pode fazer" (1Samuel 28:1-2). No entanto, o exército dos filisteus não tinha a mesma confiança em Davi. Eles tinham medo de que, no meio do combate, Davi voltasse para o lado dos israelitas, procurando com isso uma forma de se reconciliar com Saul. O rei filisteu, aparentemente a contragosto, mandou Davi de volta para casa.

Quando Davi e seus homens chegaram à cidade que o rei lhes tinha dado, foram recebidos por um golpe:

> *Aconteceu que, ao terceiro dia, quando Davi e os seus homens chegaram a Ziclague, os amalequitas já tinham invadido o Sul e a cidade de Ziclague. Tomaram Ziclague e a incendiaram. Levaram cativas as mulheres que lá estavam, mas não mataram ninguém, nem pequenos nem grandes; tão somente os levaram consigo e foram embora* (1SAMUEL 30:1-2).

Davi esperava encontrar descanso, mas caiu direto em uma batalha ainda pior que a anterior. Diz a Bíblia que "Davi e o povo que estava com ele ergueram a voz e choraram, até não terem mais forças para chorar" (1Samuel 30:4).

Mas isso não foi tudo. Além de ver a destruição da cidade, o que indicava que sua casa também tinha sido destruída, e não encontrar ninguém lá, pois sua família também tinha sido capturada, os próprios amigos de Davi viraram-se contra ele: "povo falava de apedrejá-lo, porque todos estavam amargurados, cada um por causa de seus filhos e suas filhas (1Samuel 30:6).

Meu Deus! Tudo estava dando errado na vida de Davi. Era uma notícia ruim atrás da outra, uma paulada atrás da outra. Não era esse o ungido de Deus, o homem segundo o coração do Senhor, que reinaria em Israel? O que estava dando errado?

Nada. Nada deu errado. Como vimos, Davi fez suas escolhas, mas nada saiu do controle de Deus. O Senhor usou as decisões de Davi para moldá-lo e prepará-lo para o grande propósito de sua vida. "Sabemos que todas as coisas cooperam para o bem daqueles que amam a Deus, daqueles que são chamados segundo o seu propósito" (Romanos 8:28).

> *O Senhor usou as decisões de Davi para moldá-lo e prepará-lo para o grande propósito que tinha para ele.*

Davi não se ressentiu. Não ficou perguntando a Deus "Por que eu, Senhor?"; Em vez disso, diz a Palavra "Davi se reanimou no SENHOR, seu Deus" (1Samuel 30:6b).

Como ele fez isso? Vejamos alguns passos para encontrar força em Deus.

1. ORE

Esta é uma chave que pode mudar sua história para sempre: entenda que a oração pode levar você a uma vida melhor. Quantas pessoas, diante das maiores dificuldades da vida, acabam desligando a única chave que pode reverter sua história? Quantos ficam angustiados e deixam de orar. Ficam chateados com Deus e deixam de buscá-lo. Porém, na angústia nosso coração fica mais receptivo à suave voz do Espírito Santo. "Na minha angústia, clamo ao SENHOR, e ele me ouve" (Salmos 120:1).

Orar em meio à angústia é um exercício de fé. Uma coisa é orar quando tudo está bem e quando a resposta de Deus é um sim; outra coisa é orar quando tudo diz não, quando Deus parece ter perdido o controle, e o mundo está desabando no seu colo. É exatamente essa situação que separa adultos de crianças, aqueles que viverão seu propósito daqueles que apenas passarão pela vida sem cumprir seu chamado.

> *Na angústia nosso coração fica mais receptivo à suave voz do Espírito Santo.*

Você nasceu para superar crises. Nasceu com dispositivos naturais para cair, levantar e seguir em frente. Porém, sem oração, você até se levantará, mas perderá o rumo. Quando você, mesmo na angústia, consegue orar, essa atitude te faz levantar e olhar para o lado certo. Você percebe que nada foi por acaso e que tudo poderá ser diferente.

2. PEÇA DIREÇÃO A DEUS

> *Então Davi consultou o SENHOR, dizendo:*
> *"Devo perseguir esse bando? Conseguirei alcançá-lo?"*
> (1SAMUEL 30:8).

Depois de chorar e sofrer ameaças de morte, Davi consultou o Senhor. Parece óbvio o que Davi tinha que fazer: ir atrás dos ladrões e libertar sua família e a família dos seus amigos. Correto? Sim e não! Era o certo, mas Davi estava

A ARTE DA VIDA

angustiado. Ele sabia que não estava em sua plena capacidade de raciocínio e por isso ele pediu a orientação de Deus sobre como agir.

Isso é muito forte! Quantas pessoas, na angústia, agem sem pensar e tomam decisões com a cabeça quente. Muitas fazem escolhas permanentes em meio a situações temporárias. Davi poderia ter feito isso, mas ele sabia do poder dos bons conselhos. "Não havendo direção sábia, o povo fracassa; com muitos conselheiros, há segurança" (Provérbios 11:14). Existem pessoas que jamais pedem conselhos; há outras que até pedem, porém não dão ouvidos a eles. Não adianta nada, são tão insensatas quanto as outras. "O caminho do insensato parece reto aos seus olhos, mas o sábio ouve os conselhos" (Provérbios 12:15).

> *Quando estiver desanimado com as batalhas da vida, acredite, é nesse momento que você precisa parar e ouvir bons conselhos.*

Quando estiver desanimado com as batalhas da vida, acredite, é nesse momento que você precisa parar e ouvir bons conselhos. Foi o que Davi fez. Ele orou, mesmo angustiado, e pediu a direção de Deus a respeito de como agir.

3. AJA

> *O Senhor respondeu: "Persiga o bando, porque você certamente o alcançará e libertará os cativos". Então Davi partiu, ele e os seiscentos homens que com ele estavam*
> (1Samuel 30:8-9).

Davi buscou a Deus, e não ficou sem resposta. O Senhor disse: "Pode perseguir! Vá em frente, você vai alcançar o que deseja!". Mesmo sem forças, Davi ouviu a voz de Deus e, ao ouvi-la, foi renovado em suas forças.

Quando oramos e buscamos conselhos nos dias de angústia, Deus ajuda-nos a encontrar forças. E a força que encontramos não é nossa, mas vem do próprio Deus.

Os jovens se cansam e se fatigam, e os moços de exaustos caem, mas os que esperam no Senhor renovam as suas forças, sobem com asas como águias, correm e não se cansam, caminham e não se fatigam" (ISAÍAS 40:30-31).

Não tema, porque eu estou com você; não fique com medo, porque eu sou o seu Deus. Eu lhe dou forças; sim, eu o ajudo; sim, eu o seguro com a mão direita da minha justiça (ISAÍAS 41:10).

Acredite, Deus quer renovar suas forças para você agir. A resposta de Deus não é a solução do problema; é a direção e o vigor de que você necessita para enxugar as lágrimas, pôr-se em pé e agir.

> *Quando oramos e buscamos conselhos nos dias de angústia, Deus ajuda-nos a encontrar forças onde não havia antes. E a força que encontramos não é nossa, mas vem do próprio Deus.*

4. NÃO REAJA AOS ATAQUES

Durante o momento de crise, quando souberam que suas famílias haviam sido sequestradas, os homens de Davi perderam a cabeça e pensaram em apedrejá-lo. Ao ouvir a resposta de Deus, Davi reanimou-se e recuperou suas forças. Ele agiu — mas não para se vingar dos homens que, minutos antes, pretendiam matá-lo.

Davi poderia ter reagido contra seu grupo. Mas não! De alguma maneira, ele se controlou e entendeu a situação. Seu ânimo e sua esperança contagiaram aqueles que estavam sob seu comando. Os homens ficaram ao seu lado e foram à guerra novamente.

Impressionante! Se Davi tivesse levado para o lado pessoal, ele não teria ajuda para recuperar sua família.

Como fazer isso? Usando o "princípio 101%". Esse princípio sobre relacionamentos ensina que devemos pegar o 1% em que eu concordo com a pessoa e colocar 100% de força nele. No caso de Davi, o que todos queriam? Suas famílias de volta. Davi não colocou suas forças na ofensa, e sim na solução. Assim, aqueles que antes queriam apedrejá-lo agora estavam ao seu lado, indo para a guerra.

Após sua vida, você será lembrado por duas coisas: pelos problemas que resolveu e pelos problemas que causou.

Quando não aplicamos esse princípio em nossa vida, colhemos mais problemas do que soluções. Após sua vida, você será lembrado por duas coisas: pelos problemas que resolveu e pelos problemas que causou. Davi é conhecido por alguns problemas que causou, mas ainda mais pelos problemas que resolveu. Este episódio foi mais um destes últimos:

NÃO DESANIME!

Davi os atacou e lutou contra eles, desde o crepúsculo até a tarde do dia seguinte, e nenhum deles escapou, a não ser quatrocentos moços que montaram em camelos e fugiram. Assim, Davi salvou tudo o que os amalequitas tinham levado. Também salvou as suas duas mulheres. Não lhes faltou coisa alguma, nem pequena nem grande, nem os filhos, nem as filhas, nem o despojo, nada do que lhes haviam tomado: Davi trouxe tudo de volta (1SAMUEL 30:17-19).

Não podemos nos desfazer das pessoas simplesmente porque agiram de uma forma que nos desagradou. "O bom senso leva a pessoa a controlar a sua ira; a sua glória é perdoar as ofensas" (Provérbios 19:11). Ignorar as ofensas permite-nos restaurar os laços de amizade e confiança e, no caso de Davi, foi a chave para ele recuperar o que havia sido levado.

Outro homem que soube ignorar as ofensas foi Jó. Sem que tivesse feito algo de errado, ele perdeu tudo o que tinha: a casa, as plantações, os rebanhos, os servos, os filhos e, por fim, sua saúde. Seus amigos, que ficaram sabendo da sua situação, foram consolá-lo. Mas, em vez de dizerem palavras de conforto, os três amigos de Jó só o acusavam, dizendo que ele estava em desgraça por causa de algum pecado. Em todo momento Jó manteve a paciência; ele se defendeu, mas não atacou os amigos com palavras. Ele sabia de onde vinha sua força, e sabia que toda dificuldade era simplesmente matéria-prima para um milagre.

No fim do livro, o Senhor apresentou-se e condenou a atitude dos amigos de Jó:

> *A minha ira se acendeu contra [vocês] porque vocês não fala-*
> *ram a meu respeito o que é reto, como o meu servo Jó falou.*
> *Agora peguem sete novilhos e sete carneiros, e vão até o meu*
> *servo Jó, e ofereçam holocaustos em favor de vocês. O meu*
> *servo Jó orará por vocês, e eu aceitarei a intercessão dele,*
> *para que eu não os trate segundo a falta de juízo de vocês*
> (JÓ 42:7-8).

Enquanto orava por aqueles que tinham apenas aumentado sua tristeza, o Senhor restaurou a sorte de Jó e "lhe deu o dobro de tudo o que tinha tido antes" (Jó 42:10).

Não gaste suas forças apontando o dedo e planejando vingança. Ignore as ofensas, una-se aos que têm o mesmo propósito que você apesar das discordâncias e interceda pelos que te perseguem ou caluniam (Mateus 5:44). Deixe qualquer retribuição nas mãos de Deus, que é o único justo juiz.

5. RECONHEÇA O ESFORÇO DE TODOS

Quando Davi saiu para guerrear contra os amalequitas, nem todos os homens o acompanharam. Duzentos deles estavam exaustos demais e ficaram cuidando da bagagem, enquanto os demais saíram em batalha. Ao retornarem com as famílias e os despojos, os soldados que participaram do combate não quiseram compartilhar os espólios com os outros. "Uma vez que não foram conosco, não lhes daremos nada do despojo que salvamos. Que cada um leve a sua mulher e os seus filhos e se vá embora" (1Samuel 30:22).

NÃO DESANIME!

Davi não concordou com a ganância dos seus soldados. Ele, mais uma vez, assumiu a liderança, com palavras brandas e sábias:

> *Meus irmãos, não façam isto com o que o Senhor nos deu. Ele nos guardou e entregou em nossas mãos o bando que vinha contra nós. E quem lhes daria ouvidos nisso? Porque a mesma parte que cabe aos que foram à batalha será também a parte dos que ficaram com a bagagem; receberão partes iguais* (1SAMUEL 30:23-24).

Como dissemos, não teremos sucesso na vida sozinhos e sempre precisaremos das pessoas que Deus colocou ao nosso lado. Quando tudo estiver mal, peça ajuda a elas. Porém, quando tudo melhorar, não se esqueça delas. Aprenda a compartilhar aquilo que você conquistou, pois foi com a ajuda de Deus e de outros que isso aconteceuisso aconteceu.

Infelizmente, como pastor, vejo, muitas vezes, o contrário acontecendo. Nas dificuldades, as pessoas buscam conselhos, a igreja, o pastor. Mas, quando as dificuldades vão embora, muitos não voltam nem para dizer obrigado. Em seus corações há de tudo, menos gratidão. Elas se esquecem, porém, que dor de barriga não dá uma vez só. Davi sabia disso, sabia também que inúmeros desafios viriam pela frente. Ele foi capaz de

A ARTE DA VIDA

compartilhar a alegria e a vitória com todos. Ao fazer isso, ganhou o coração de todos os soldados. Quando foi ungido rei, esses homens estiveram ao seu lado.

Como você lida com aqueles que te estenderam as mãos no início? Com aqueles que foram importantes no começo de sua caminhada? Analise sua atitude. Quantos que, ao se tornarem íntimos de quem lhes estendeu as mãos no início, não os tratam com tanta honra assim? "Irmãos, pedimos que vocês tenham em grande apreço os que trabalham entre vocês, que os presidem no Senhor e os admoestam. Tenham essas pessoas em máxima consideração, com amor, por causa do trabalho que realizam" (1Tessalonicenses 5:12-13).

O PODER NA FRAQUEZA

Se os desafios que enfrentamos estão à altura de nosso propósito e de nossas conquistas, devemos esperar grandes dificuldades. Elas nos farão chorar e pensaremos em desistir, mas, se soubermos olhar para a angústia como um caminho para nos aproximar de Deus e ser fortalecidos por sua voz, desistir jamais será uma opção.

"A minha graça é o que basta para você, porque o poder se aperfeiçoa na fraqueza." De boa vontade, pois, mais me gloriarei nas fraquezas, para que sobre mim repouse o poder de Cristo. Por isso, sinto prazer nas fraquezas, nos insultos, nas privações, nas perseguições, nas angústias, por amor de Cristo. Porque, quando sou fraco, então é que sou forte (2CORÍNTIOS 12:9-10).

NÃO DESANIME!

A ARTE DE APRENDER

Neste capítulo, aprendemos que:

1. O oitavo princípio diz que, quando o desânimo nos alcançar no meio do caminho, será possível reanimar-se em Deus.

2. O Senhor usa as nossas decisões para moldar nosso caráter e preparar-nos para o grande propósito de nossa vida.

3. Para se reanimar no Senhor, você deve:
   - Orar, pois na angústia nosso coração fica mais receptivo à suave voz do Espírito Santo.
   - Pedir direção a Deus, pois, quando desanimamos, precisamos ouvir bons conselhos.
   - Agir, porque assim Deus renova nossas forças.
   - Não reagir aos ataques, mas deixar qualquer injustiça nas mãos de Deus.
   - Reconhecer o esforço de todos, uma vez que a vitória nunca é individual.

A ARTE DE REFLETIR

1. Você está desanimado em relação a algum propósito de sua vida? Qual?

2. Você tem se rodeado de bons conselheiros? Você pede conselhos quando se vê desanimado ou perdido? Você acata os conselhos que recebe?

A ARTE DA VIDA

3. Você tem dificuldade em não reagir a ataques pessoais? De que maneira você pode ignorar ofensas?

CAPÍTULO 9
ATITUDES QUE FAZEM A DIFERENÇA

Sabemos que o mundo não é um lugar fácil, mas também sabemos que tudo o que precisamos para vencer está em Jesus. Ele venceu para que nós, através dele, também fôssemos vencedores. "Ao vencedor, darei o direito de sentar-se comigo no meu trono, assim como também eu venci e me sentei com o meu Pai no seu trono" (Apocalipse 3:21).

Como vencer na prática?

Essa é uma questão interessante. A vida prática é levada muito a sério pela Palavra de Deus. Nada do que está escrito na Bíblia é apenas para nossa informação; tudo o que está escrito é para ser vivido.

Toda a Escritura é inspirada por Deus e útil para o ensino, para a repreensão, para a correção, para a educação na justiça,

A ARTE DA VIDA

a fim de que o servo de Deus seja perfeito e perfeitamente habilitado para toda boa obra (2TIMÓTEO 3:16-17).

Tudo de que precisamos para uma vida melhor está na Palavra. Basta buscar e, principalmente, praticar o que encontrarmos.

Tenho dito que as pessoas não se perdem pelo que não sabem, mas pelo que sabem e não praticam. Jesus alertou sobre o perigo de saber demais e praticar de menos.

E todo aquele que ouve estas minhas palavras e não as pratica será comparado a um homem insensato que construiu a sua casa sobre a areia. Caiu a chuva, transbordaram os rios, sopraram os ventos e bateram com força contra aquela casa, e ela desabou, sendo grande a sua ruína (MATEUS 7:26-27).

"E foi grande a sua ruína." Essa declaração é forte. Não só o homem da parábola perdeu tudo o que tinha, como também experimentou uma enorme derrota. Tudo isso por quê? Por que não ouviu o que Jesus disse? Pelo contrário. Ele ouviu, mas escolheu ignorar. Já dissemos que Deus nos dá escolhas. Ele nos ofereceu o privilégio de escutar as palavras de vida eterna, anunciadas por Jesus, porém o que vamos fazer com o que ouvimos é escolha nossa.

> *Tudo de que precisamos para uma vida melhor está na Palavra. Basta buscar e, principalmente, praticar o que encontrarmos.*

ATITUDES QUE FAZEM A DIFERENÇA

PRINCÍPIO 9:
MOVIMENTE-SE

*De novo, Jesus foi para junto do mar, e toda a
multidão vinha ao encontro dele, e ele os ensinava*
(MARCOS 2:13).

Perceba o início do versículo: "De novo, Jesus foi". Jesus
é nosso exemplo, e ele estava sempre em movimento. Ele
tinha uma missão e não ficava parado. Se você quer viver
algo a mais em sua vida, vai precisar dar um passo a mais.
Permita que o Espírito Santo movimente as águas que estão paradas em seu interior. Se você quer viver a boa, perfeita e agradável vontade de Deus, terá que entender que
movimento é o estilo de vida do nosso Mestre.

Jamais teremos pessoas nos seguindo se não estivermos
em movimento, trabalhando, praticando o que temos aprendido. Quando Jesus enviou seus discípulos para prepararem
um lugar para a celebração da Páscoa, ele disse: "Vão até a
cidade. Ali, um homem trazendo um cântaro de água sairá
ao encontro de vocês. Sigam esse homem" (Marcos 14:13-
14). Jesus pediu aos discípulos que seguissem um homem
que estava trabalhando, não um homem à toa. Jesus jamais
lhe pedirá para seguir alguém que não esteja em movimento, que não esteja agindo e que não esteja trabalhando.

Nos últimos tempos, com a pandemia e as crises que
vieram depois dela, muitos se abateram com as más notícias. Desistiram de trabalhar, de fazer planos, porque,
como dizem, "não sabemos como será o amanhã".

A ARTE DA VIDA

Porém, assim como desistir não é uma opção, ficar parado, à toa, também não é.

Pois, de fato, ouvimos que há entre vocês algumas pessoas que vivem de forma desordenada. Não trabalham, mas se intrometem na vida dos outros. A essas pessoas determinamos e exortamos, no Senhor Jesus Cristo, que, trabalhando tranquilamente, comam o seu próprio pão. Quanto a vocês, irmãos, não se cansem de fazer o bem (2TESSALONICENSES 3:11-13).

Se você se deixou abater e caiu, está na hora de se levantar. Se você perdeu as forças e se deitou, está na hora de acordar. Se você perdeu a esperança, está na hora de buscar forças e agir. Se você diminuiu o ritmo, está na hora de acelerar novamente.

Como Jesus se movimentava? Vamos ver alguns princípios que nos farão andar mais perto dos passos do Mestre.

1. JESUS IA AONDE ESTAVA A AVENTURA

No texto que apontamos anteriormente, Jesus se levantou e foi para o mar. Ele pisou na areia e caminhou próximo às ondas. Não era um lugar calmo, era um lugar de aventuras. Quem vive em movimento sempre encontrará aventura na vida.

Sabe, às vezes, vejo pessoas que se cansaram do que fazem. A vida ficou sem graça, e as cores do seu trabalho sumiram. Isso geralmente acontece quando baixamos a guarda e deixamos de nos movimentar em Deus. Sei que há dias em que Deus espera que a gente descanse e não se

ATITUDES QUE FAZEM A DIFERENÇA

movimente. Não são raras as vezes que Deus nos coloca em cavernas e nos pede que não nos mexamos por um período. Enquanto escrevo este livro, estou vivendo essa situação. Deus pediu-me para descansar nele como preparo para a próxima fase da minha vida.

Agora, uma coisa é descansar em Deus seguindo uma direção dele, outra coisa é r aposentar e pendurar a ch teira. Uma coisa é dizer "Esto aguardando a próxima instru ção de Deus", e outra, bem di ferente é falar: "Chega! Não quero mais! Me enchi!". Quando você desiste, um dia olhará para trás e verá que, devido à inércia, perdeu as aventuras que te aguardavam pelo caminho.

> *Quem vive em movimento sempre encontrará aventura na vida.*

Sei que nem todo mundo gosta de aventura, mas, gostando ou não, na vida com Deus, aventura sempre será um ingrediente com o qual você terá de conviver. Toda aventura o fará andar em fé e é exatamente isso que move o cristão e as mãos de Deus. "Porque a justiça de Deus se revela no evangelho, de fé em fé, como está escrito: 'O justo viverá por fé'" (Romanos 1:17).

2. JESUS RECEBIA QUEM DEUS LHE ENVIAVA

Jesus estava em movimento e não temia as aventuras em Deus. A consequência disso é que as pessoas vinham para ser ensinadas por ele: "toda a multidão vinha ao encontro dele, e ele os ensinava" (Marcos 2:13). O ministério de Jesus era ensinar, mas ele não precisava sair em busca de ouvintes. Deus mandava as pessoas até onde Jesus estava. Você,

A ARTE DA VIDA

da mesma forma, não precisa se preocupar com os meios de cumprir o que Deus te chamou para fazer. Quando você se move em fé, ele levará até você as pessoas e as condições para você cumprir seu chamado.

Quanta gente tentando ajudar a Deus e buscando técnicas para atrair pessoas, levantar recursos, exercer influência. Não, não! Isso não é necessário! Quando você simplesmente não desiste das aventuras que Deus tem para sua vida, ele envia aqueles que precisam ouvir o que você tem a dizer, manda os recursos necessário, coloca você em contato com quem precisa daquilo que você recebeu dele.

> *Quando você se move em fé, ele levará até você as pessoas e as condições para você cumprir seu chamado.*

Deus não desperdiça talentos. Ele te fez como fez porque há pessoas que precisam disso. As pessoas corriam até onde Jesus estava. Uma multidão saía de casa e ia até o deserto apenas para ouvir João Batista. Então, fique tranquilo: há uma multidão aguardando que você esteja onde deve estar. Apenas não se esconda, não se acovarde e não morra na praia. Praia não é lugar para morrer, e sim um lugar para mergulhar em uma nova aventura em Deus.

3. JESUS VIU QUEM ESTAVA TRABALHANDO

Jesus estava em movimento, recebendo as pessoas que Deus lhe enviava, quando ele vê alguém.

> *Quando ia passando, viu Levi, filho de Alfeu, sentado na coletoria e lhe disse: "Siga-me!". Ele se levantou e o seguiu.*
> (MARCOS 2:14).

ATITUDES QUE FAZEM A DIFERENÇA

Quem está em movimento percebe mais facilmente quem está se movendo do que o que está parado. Por isso Jesus notou Levi, também conhecido como Mateus, um coletor de impostos. Mateus estava em movimento, apesar de estar sentado. Ali, na coletoria, ele estava trabalhando, e Jesus o chamou para trabalhar para ele.

Se você se lembra, outros discípulos também foram chamados enquanto estavam trabalhando:

> *Caminhando junto ao mar da Galileia, Jesus viu os irmãos Simão e André, que lançavam a rede ao mar, porque eram pescadores. Jesus lhes disse: "Venham comigo, e eu farei com que sejam pescadores de gente". Então eles deixaram imediatamente as redes e o seguiram.*

> *Pouco mais adiante, Jesus viu Tiago, filho de Zebedeu, e João, seu irmão, que estavam no barco consertando as redes, e logo os chamou. E eles seguiram Jesus, deixando o seu pai Zebedeu no barco com os empregados* (MARCOS 1:16-20).

Há uma questão aqui. Não é porque você está em movimento que não precisa estar atento ao que está acontecendo ao redor. Mateus estava trabalhando, porém, foi sensível para ouvir o convite de Jesus. Simão, André, Tiago e João também. O seu trabalho chama a atenção de Jesus, mas ele não pode tirar sua atenção de Jesus.

> *Quem está em movimento percebe mais facilmente quem está se movendo do que o que está parado.*

O EXEMPLO DE MATEUS

Vamos mudar de perspectiva. Mateus chamou a atenção de Jesus, e isso nos interessa. De que forma ele atraiu o olhar do Senhor? O que foi necessário para que Mateus se tornasse o que se tornou? Mateus pode ensinar algumas lições para nós.

1. MATEUS TINHA FORÇAS PARA TRABALHAR

Mateus era cobrador de impostos, e essa era uma profissão odiada pelas pessoas. Mesmo assim, todos os dias, Mateus estava lá trabalhando, apesar dos olhares negativos das pessoas ao redor.

Se você quer viver dias diferentes, terá que ter forças para continuar trabalhando, apesar das críticas. Tem gente procurando lugares sem oposição para frutificar, mas alguns se esquecem de que as melhores frutas aparecem quando as raízes são mais profundas. E raízes não se aprofundam em solos frouxos, mas naqueles que apresentam resistência.

Lembro-me de uma história contada por John Bevere, escritor norte-americano. Ele foi visitar o pomar de laranjas de um amigo e, ao experimentar uma, comentou: "Amigo, por que as laranjas estão mais doces do que quando te visitei no ano passado?". A resposta foi incrível. Ele disse: "John, neste ano, tivemos um inverno rigoroso. As árvores tiveram que aprofundar suas raízes e, com isso, encontraram mais nutrientes, tornando os frutos mais doces". Não devemos procurar

ATITUDES QUE FAZEM A DIFERENÇA

lugares amenos para fincar nossas raízes, mas sim lugares produtivos.

Josué foi o líder que conquistou a Terra Prometida porque não teve medo de dar sequência ao trabalho de Moisés. José tornou-se um administrador respeitável porque não temeu o desafio de liderar a maior nação da sua época na maior crise de sua história até o momento. Davi foi o rei mais amado e exemplar de Israel porque foi ao encontro de grandes desafios. A lista de trabalhadores incansáveis é enorme.

2. MATEUS FOI SENSÍVEL À VOZ DE JESUS

Mateus teve força para trabalhar em meio a oposições, mas também teve sensibilidade para ouvir a voz de Jesus. Muitos estão trabalhando, porém estão tão focados que perdem a sensibilidade. O equilíbrio entre trabalho e sensibilidade é o que torna alguém uma pessoa diferenciada.

Mateus estava com muito trabalho, pois não havia sistemas para calcular impostos de maneira mais rápida. Era tudo manual e demandava muito esforço. Além disso, ele tinha de lidar com a oposição diariamente. Tinha de lidar com pessoas que reclamavam das altas taxas. Havia várias vozes dizendo: "Mateus, o imposto está caro!", "Mateus, esse valor é injusto!", "Mateus, você precisa analisar o meu lado!". Mas, de repente, no meio daquela gritaria, uma voz soou diferente. Essa voz só disse: "Mateus!". Ele seguiu a

> *O equilíbrio entre trabalho e sensibilidade é o que torna alguém uma pessoa diferenciada.*

direção dessa voz e viu os olhos de Jesus. Foi o suficiente para ele entender que aquela palavra não era para sua acusação, mas para sua salvação, direção e destino.

Às vezes, nossa concentração está no que estamos vendo e deixamos de lado o que precisamos ouvir. Ouvir é muito importante, pois só teremos fé se aprendermos a ouvir: "a fé vem pelo ouvir, e o ouvir, pela palavra de Cristo" (Romanos 10:17).

Quando a voz de Deus fala em meio às críticas e acusações, ela é poderosa para acalmar o coração mais desesperado.

> *Ouve-se a voz do SENHOR sobre as águas; o Deus da glória troveja; o SENHOR está sobre as muitas águas.*
>
> *A voz do SENHOR é poderosa; a voz do SENHOR é cheia de majestade.*
>
> *A voz do SENHOR quebra os cedros; sim, o SENHOR despedaça os cedros do Líbano.*
>
> *Ele faz o Líbano saltar como um bezerro, e o monte Hermom pular como um boi selvagem.*
>
> *A voz do SENHOR produz chamas de fogo.*
>
> *A voz do SENHOR faz tremer o deserto; o SENHOR faz tremer o deserto de Cades.*
>
> *A voz do SENHOR faz dar cria às corças e desnuda os bosques; e no seu templo todos dizem: "Glória!"* (SALMOS 29:3-9).

3. MATEUS SE LEVANTOU

Quando ouviu a voz de Jesus dizendo seu nome, Mateus teve atitude para se levantar, saindo do seu emprego. "Ele se levantou e o seguiu" (Marcos 2:14).

ATITUDES QUE FAZEM A DIFERENÇA

Não adianta nada ter força para trabalhar e suportar oposições, nem ser sensível à voz de Deus se, na hora que precisa agir, você não consegue ter a atitude correta. A atitude faz toda a diferença na vida de uma pessoa. A Bíblia diz que a fé sem obras, ou seja, sem atitude, é morta (Tiago 2:14-26). Posso dizer que tenho fé, mas ela só se prova com as obras que eu faço por meio dela. Não adianta dizer que você crê em Deus se, quando ele lhe pede para agir, você permanece sentado.

> *Até que ponto você está disposto a deixar o que alcançou para entrar em algo novo que Deus tem para sua vida nos próximos anos?*

Mateus se levantou e deixou anos de serviço no governo. Deixou uma vida estável. Deixou tudo o que tinha simplesmente para seguir a voz que, ele sabia, mudaria sua história.

Até que ponto você está disposto a deixar o que alcançou para entrar em algo novo que Deus tem para sua vida nos próximos anos?

4. MATEUS TEVE CORAGEM PARA SEGUIR JESUS

Mateus teve coragem para deixar sua profissão estável e seguir um homem que acabava de conhecer. Não era qualquer homem, era Jesus, amado por uns e odiado por muitos. Seguindo a lógica de que nos tornamos semelhantes aos nossos mestres, se Mateus seguisse Jesus, seria também amado e odiado, seria questionado e requisitado. Viver assim exige muita coragem.

A coragem tem o poder de levar você a mudanças radicais de vida. Muitos têm forças para trabalhar e suportar oposições, sensibilidade para ouvir a voz de Deus e atitude para se levantar, mas, quando chega a hora de dar um passo além, falta coragem. Sei que Deus tem algo muito especial para nós, e é preciso coragem para entrar nesse tempo novo.

A coragem tem o poder de levar você a mudanças radicais de vida.

Em uma escala de 1 a 10, em que nível está sua coragem para a próxima temporada?

> *Não foi isso que eu ordenei? Seja forte e corajoso! Não tenha medo, nem fique assustado, porque o Senhor, seu Deus, estará com você por onde quer que você andar* (Josué 1:9).

5. MATEUS POSSUÍA FÉ PARA INFLUENCIAR

Mateus mal acabara de seguir Jesus e uma cena incrível acontece:

> *Achando-se Jesus à mesa, na casa de Levi, estavam junto com ele e com os seus discípulos muitos publicanos e pecadores; porque estes eram muitos e também o seguiam* (Marcos 2:15).

Quem era esse pessoal todo? Amigos de Mateus. Ele abandonou seu trabalho para seguir Jesus, mas não desprezou seus amigos. Foi até eles e disse: "Pessoal, conheci uma pessoa que mudou a minha vida. Vocês precisam conhecê-lo também! Façam o seguinte, chamei ele para um almoço amanhã, apareçam lá em casa".

Assim, um simples coletor de impostos transformou-se em um dos doze discípulos de Jesus, escrevendo depois o Evangelho de Mateus. Porque ele teve forças para trabalhar, sensibilidade para ouvir a voz de Deus, atitude para se levantar, coragem para agir e fé para influenciar, uma chave foi virada na vida de Mateus e nunca mais ele foi o mesmo.

Mateus abandonou seu trabalho para seguir Jesus, mas não desprezou seus amigos.

Creio que Deus quer virar uma chave em sua vida também. Para isso, é preciso seguir nos passos de Jesus e imitar o exemplo de Mateus. Você está disposto a fazer sua parte para que Deus possa fazer a dele? Só assim você terá uma vida melhor.

A ARTE DE APRENDER

Neste capítulo, aprendemos que:

1. O nono princípio diz que, se você quer viver a boa, perfeita e agradável vontade de Deus, terá que entender que movimento é o estilo de vida do nosso Mestre.

2. Jesus sempre estava em movimento. Com sua vida, aprendemos que:
   - Quem vive em movimento, sempre encontrará aventura na vida.

- Quando você se move em fé, Deus dá a você as condições para cumprir seu chamado.
- Ele nota quem está trabalhando.

3. O apóstolo Mateus nos ensina que:
   - Devemos ter forças para trabalhar apesar das críticas.
   - Devemos ser sensíveis à voz do Senhor.
   - Devemos agir quando Jesus nos chama.
   - Devemos ter coragem de seguir a Jesus.
   - Devemos ter fé para influenciar as pessoas.

A ARTE DE REFLETIR

1. No que você tem trabalhado atualmente? Sua vida está em movimento?

2. O quanto você está disposto a abrir mão de sua vida para viver novas aventuras vindas da parte do Senhor?

3. Dos cinco pontos aprendidos com a vida de Mateus, qual é mais desafiador para você?

CAPÍTULO 10
PROTEJA O SEU FUTURO

Este capítulo traz um alerta. Nem todo mundo gosta de alertas, pois eles dão a impressão de que estamos fazendo algo errado. Mas nem sempre um alerta está relacionado a um erro, pode ser que ele exista justamente para livrar você do erro. Mas os alertas não funcionam por si só, não são um talismã que vai o afastar do perigo. Você precisa considerar o que ele diz e, então, fazer suas escolhas. "Ouça os conselhos e receba a instrução, para que você seja sábio a partir de agora" (Provérbios 19:20).

Uma vida de sucesso diante de Deus jamais terá a ver com o que você tem, mas com o que você mantém. Está lembrado da Parábola dos Talentos? Antes de sair em viagem, um senhor de terras confiou seus bens a três servos. A um deu cinco talentos, a outro, dois, e a outro, um. Quando retornou, muito tempo depois, chamou os servos para prestarem contas. Os dois primeiros servos não só mantiveram o que haviam recebido como também duplicaram os talentos. O terceiro, porém, não soube manter o que tinha. Ele escondeu o talento e, quando o senhor voltou, devolveu-o intacto. O senhor ficou furioso com a atitude negligente daquele servo:

> *Uma vida de sucesso diante de Deus jamais terá a ver com o que você tem, mas com o que você mantém.*

Portanto, tirem dele o talento e deem ao que tem dez. Porque a todo o que tem, mais será dado, e terá em abundância; mas ao que não tem, até o que tem lhe será tirado
(MATEUS 25:28-29).

Quer dizer que eu posso estar indo bem e, de repente, por algumas más escolhas, perder tudo o que eu conquistei? Sim, pode acontecer! Mas essa não é a vontade de Deus, por isso ele nos dá alertas. "Por isso, aquele que pensa estar em pé, veja que não caia" (1Coríntios 10:12).

PRINCÍPIO 10:
MANTENHA O QUE VOCÊ CONQUISTOU

Davi foi um homem vitorioso. Ele não era o que tinha a melhor aparência nem o mais preparado, contudo, foi escolhido por Deus para liderar seu povo.

Quando Samuel foi até a casa de Jessé para ungir o novo rei, ele levou um chifre cheio de óleo. Alguns sábios judeus

PROTEJA O SEU FUTURO

dizem que o chifre foi virado sobre a cabeça de cada filho de Jessé, mas o azeite não escorria. Passaram diante de Samuel os sete filhos de Jessé, e nada aconteceu. O profeta percebeu que havia algo de errado, pois sua missão era ungir um rei ali, então ele perguntou se havia outro filho. Jessé respondeu: "Ainda falta um, o mais moço; ele está apascentando as ovelhas" (1Samuel 16:11). É possível que esse filho causasse até vergonha para Jessé, pois Davi diz que ele havia sido gerado em pecado (Salmos 51:5). Mas Samuel mandou chamar o menino.

Davi tinha *neshamah*, uma palavra hebraica que significa "fôlego, fôlego divino, alma". Quando Samuel ergueu o chifre sobre a cabeça de Davi, sua alma conectou-se com o óleo e o propósito foi acionado. O azeite escorreu. "E, daquele dia em diante, o Espírito do Senhor se apossou de Davi" (1Samuel 16:13).

Creio que existe um azeite reservado para este tempo, para aqueles que, como Davi, são anônimos e foram rejeitados. Que talvez, como Davi, foram gerados em pecado ou não foram planejados por seus pais.

Eu e você somos a geração da última hora. Sete filhos se passaram e parecia óbvio que um deles fosse ungido — especialmente o sétimo, pois sete é o número da perfeição, o número de Deus. Mas o ungido foi o oitavo. O número oito significa o começo de uma nova etapa, representa o sobrenatural e a honra. Quando Davi

Esse é o tempo que estamos vivendo. Deus está levantando pessoas que não eram nada para, através delas, fazer tudo.

entrou, a unção ativou a honra, o sobrenatural e o início de uma nova etapa.

Esse é o tempo que estamos vivendo. Deus está levantando pessoas que não eram nada para, através delas, fazer tudo. Davi, a partir daquela unção, não foi o mesmo. Enfrentou gigantes e os venceu. Enfrentou o ciúme e a fúria de um rei e sobreviveu. Enfrentou deslealdade e traições, mesmo assim, chegou ao trono e ao lugar onde Deus o queria.

Porém, apesar da unção recebida e dos desafios vencidos, houve um momento em que Davi se esqueceu do seu propósito. Ele se deixou iludir pelas coisas que havia conquistado em vez de mantê-las. Vejamos os passos errados que Davi tomou e que o levaram a perder o que havia conquistado.

1. DAVI PENSOU QUE JÁ TINHA O BASTANTE

Decorrido um ano, no tempo em que os reis costumam sair para a guerra, [...] Davi ficou em Jerusalém
(2SAMUEL 11:1).

O que as pessoas geralmente fazem após grandes vitórias? Muitos baixam a guarda. Foi exatamente o que Davi fez. A Bíblia diz que havia começado uma temporada de guerras, mas Davi não foi. Ele ficou em casa. Em algum momento, Davi deve ter pensado: "Puxa! Já lutei bastante, já venci inúmeros reis. Já fiz o suficiente, agora vou descansar". Não há problema em descansar, mas há momentos para isso. Aquele, certamente, não era o momento.

PROTEJA O SEU FUTURO

Não importa o quanto você fez, para Deus o que importa é o que você sustentou até aqui. Davi tinha inúmeras vitórias, mas sua falta de cuidado comprometeu todo o seu futuro.

Precisamos ser sensíveis às estações que estamos vivendo. O verão, por exemplo, é uma estação muito especial, em que as temperaturas permanecem elevadas, os dias são longos e as noites curtas. No verão, a disposição é outra! As pessoas querem acordar cedo e se exercitar. Querem viajar, reformar a casa, fazer novos planos. Mateus conta-nos que, em um único dia, Jesus curou enfermos, multiplicou pães e peixes, alimentou uma multidão, despediu os discípulos em um barco, despediu a multidão, subiu ao monte para orar, desceu do monte, andou por cima do mar e resgatou Pedro, que estava se afogando (Mateus 14:13-33). Consigo enxergar um homem com uma disposição enorme.

DISPOSIÇÃO, essa é a palavra! Muitas coisas não acontecem na vida de algumas pessoas não porque Deus não queira, mas porque elas não têm disposição para estar no lugar certo, no momento correto. Existem coisas que Deus fará em nossas vidas se ele perceber que estamos fazendo a nossa parte; para isso, é necessário ter disposição. Mesmo que Davi já tivesse feito muitas coisas anteriormente, ele jamais poderia deixar de lado sua obrigação naquela época do ano. Sendo assim, não desanime nem baixe a

> *Muitas coisas não acontecem na vida de algumas pessoas não porque Deus não queira, mas porque elas não têm disposição para estar no lugar certo, no momento correto.*

A ARTE DA VIDA

guarda. Não são poucos que, ao baixar a guarda, tomam os maiores golpes da vida.

2. DAVI DELEGOU O INDELEGÁVEL

Davi enviou Joabe, seus oficiais e todo o Israel.
Eles destruíram os filhos de Amom e sitiaram a cidade de Rabá
(2SAMUEL 11:1).

Há muitos anos, aprendi que eu deveria delegar tudo o que eu pudesse e, então, teria tempo para fazer o que realmente precisava fazer. Não podemos ser centralizadores, porque uma pessoa assim geralmente acaba sozinha. Mas faço outro alerta: delegar não isenta você da responsabilidade. Você deve delegar tudo o que puder, mas não poderá usar isso como desculpa para negligenciar o que só pode ser feito por você.

> Você deve delegar tudo o que puder, mas não poderá usar isso como desculpa para negligenciar o que só pode ser feito por você.

Jamais delegue o indelegável. Davi deveria ter levantado cedo e ido à guerra, à frente do seu exército. Mas não! Ele delegou o que não poderia delegar e acabou tendo um tempo ocioso perigosíssimo.

3. DAVI FEZ MAU USO DO SEU TEMPO LIVRE

Uma tarde, Davi se levantou do seu leito e andava passeando
no terraço do palácio real (2SAMUEL 11:2a).

PROTEJA O SEU FUTURO

Davi estava com tempo de sobra. Devia ter dormido até mais tarde e resolveu passear pelo palácio, como se estivesse de férias. Ele tinha o que fazer, mas porque não fez o que precisava, ficou ocioso.

Quando você fica ocioso, são muitas as chances de ver o que não precisa ver, pensar no que não precisa pensar, sentir o que não é necessário sentir e agir, por fim, de uma maneira horrível. "Além do mais, elas aprendem também a viver ociosas, andando de casa em casa; e não somente ficam ociosas, mas ainda se tornam fofoqueiras e intrometidas, falando o que não devem" (1Timóteo 5:13).

Minha avó dizia que mente vazia é oficina do Cão. Sua forma de aproveitar o tempo livre é determinante em termos do que você pensa. As maiores tentações abordam as pessoas quando elas estão com tempo livre. São necessários caráter disciplinado e objetivos apropriados para lidar corretamente com as horas livres na nossa sociedade.

> Sua forma de aproveitar o tempo livre é determinante em termos do que você pensa. As maiores tentações abordam as pessoas quando elas estão com tempo livre.

Descansar em Deus não é o mesmo que ficar ocioso. Quando descansamos no Senhor ou esperamos uma orientação dele, estamos com a mente ativa, alerta ao menor movimento de Deus. O ocioso, por outro lado, é aquele que se detém no caminho dos pecadores e se assenta na roda dos escarnecedores (Salmos 1:1) porque não tem nada melhor para fazer.

4. DAVI COLOCOU SUA ATENÇÃO ONDE NÃO DEVERIA

Dali viu uma mulher que estava tomando banho; ela era muito bonita (2SAMUEL 11:2b).

> *Se você focar seus olhos no erro, será no erro que você chegará. Se você focar no caminho correto, a chance de acertar na vida é enorme.*

Davi estava tranquilo, passeando no terraço e acabou vendo o que não devia ver: uma mulher tomando banho. Ele poderia ter virado o rosto, aberto um livro ou feito qualquer outra coisa. Mas ele continuou olhando a mulher.

Todo pensamento gera um sentimento, mas o pensamento é potencializado quando você insiste em ver o que não precisa ver.

Se o seu olho direito leva você a tropeçar, arranque-o e jogue-o fora. Pois é preferível você perder uma parte do seu corpo do que ter o corpo inteiro lançado no inferno (MATEUS 5:29).

Os olhos são a lâmpada do corpo. Se os seus olhos forem bons, todo o seu corpo será cheio de luz; se, porém, os seus olhos forem maus, todo o seu corpo estará em trevas. Portanto, se a luz que existe em você são trevas, que grandes trevas serão! (MATEUS 6:22-23).

O olhar é poderoso demais. Ele pode comprometer o seu futuro, tanto para o bem quanto para o mal. Depois que

Abraão e Ló se separaram, Deus pediu a Abrão que erguesse os olhos; tudo o que ele pudesse ver, Deus daria a ele: "Erga os olhos e olhe de onde você está para o norte, para o sul, para o leste e para o oeste; porque toda essa terra que você está vendo, eu a darei a você e à sua descendência, para sempre" (Gênesis 13:14-15). Isso quer dizer que o que você ver é o lugar ao qual chegará. Se você focar seus olhos no erro, será no erro que você chegará. Se você focar no caminho correto, a chance de acertar na vida é enorme.

> *Palavras, que dão vazão à nossa curiosidade, falam sobre nosso caráter e revelam como anda nosso coração.*

5. DAVI DEU ESPAÇO PARA SUA CURIOSIDADE

Davi mandou perguntar quem era (2Samuel 11:3).

Davi viu a mulher tomando banho. Ao vê-la, sua mente foi longe, a ponto de ele perguntar quem ela era. Na realidade, o que isso mudaria na vida de Davi? Ele já tinha mais de uma esposa. Tinha um monte de coisa para fazer.

As pessoas costumam dizer que "Perguntar não ofende". No entanto a Bíblia nos ensina a sermos cautelosos em relação às perguntas que fazemos porque essas Essas palavras, que dão vazão à nossa curiosidade, falam sobre nosso caráter e revelam como anda nosso coração.

Como vocês podem falar coisas boas, sendo maus? Porque a boca fala do que está cheio o coração. A pessoa boa tira do tesouro bom coisas boas; mas a pessoa má do mau tesouro tira coisas más. Digo a vocês que, no Dia do Juízo, as pessoas darão conta de toda palavra inútil que proferirem; porque, pelas suas palavras, você será justificado e, pelas suas palavras, você será condenado (MATEUS 12:34-37).

Há assuntos que não mudarão em nada sua vida. Então, não se preocupe com isso. Perguntar pode não ofender o outro, mas, se isso trará juízo sobre sua vida, por que não ficar calado?

6. DAVI IGNOROU AS RESPOSTAS OBTIDAS

É Bate-Seba, filha de Eliã e mulher de Urias, o heteu
(2SAMUEL 11:3).

A resposta que Davi recebeu à pergunta que não deveria ter feito era motivo suficiente para mudar de assunto. Mas a resposta não iria mudar nada, porque Davi já tinha decidido em seu coração o que iria fazer.

Este é o último alerta antes do precipício. Davi ignorou todos os outros avisos: baixou a guarda, delegou o indelegável, andou ocioso, olhou o que não deveria, perguntou o que não deveria. Sua última chance era, pelo menos, entender a resposta. Mas Davi ignorou a informação e usou de sua autoridade para atender um desejo carnal. "Então,

> *Seja sensível com o que você ouve! Se você perguntou o que não deveria, pelo menos, preste atenção na resposta.*

PROTEJA O SEU FUTURO

enviou Davi mensageiros que a trouxessem; ela veio, e ele se deitou com ela" (2Samuel 11:4).

Seja sensível com o que você ouve! Se você perguntou o que não deveria, pelo menos, preste atenção na resposta.

OS FRUTOS VIRÃO

O que levou um homem como Davi a ter uma atitude como essa? Essa resposta é muito forte: o que levou Davi a adulterar foi um sentimento não tratado.

Após ter vencido o gigante Golias, Davi casou-se com Mical, filha de Saul. O rei havia prometido que quem derrotasse Golias se tornaria seu genro. Porém, como o nome da Davi começou a ficar popular em Israel, Saul ficou tomado de ciúmes. Assim, ele tirou Mical de Davi e a entregou a outro homem.

Davi até teve outras esposas, porém a injustiça que sofreu mexeu com seu coração a tal ponto que, anos depois, ele exige que Mical lhe seja trazida de volta.

Também enviou Davi mensageiros a Isbosete, filho de Saul, dizendo: "Dá-me de volta minha mulher Mical, que eu desposei por cem prepúcios de filisteus". Então, Isbosete mandou tirá-la a seu marido, a Paltiel, filho de Laís. Seu marido a acompanhou, caminhando e chorando após ela, até Baurim (2SAMUEL 3:14-16).

Pense sobre a cena que acabamos de ler. Paltiel não pediu para tirarem a esposa de Davi, mas, de repente, ele tem a filha do rei como esposa. Anos depois, porém, ela é

A ARTE DA VIDA

tirada de seus braços assim como, um dia, foi arrancada da vida de Davi. Essa foi uma atitude muito bem pensada por parte de Saul. Ele quis machucar Davi e conseguiu.

Então, no dia que Davi vê Bete-Seba e fica sabendo que ela era casada, ele passa por cima dos sentimentos do marido e da família dela e, como fizeram com ele anos antes, ele faz com Urias. Qual o resultado disso tudo? Uma gravidez. Ou seja, um fruto! "A mulher concebeu e mandou dizer a Davi: Estou grávida" (2Samuel 11:5).

> *Os frutos sempre aparecerão. Tudo o que você plantar um dia colherá.*

O problema aqui não foi a gravidez, mas a tragédia que se sucedeu. Davi teve inúmeras questões familiares e vários desafios que poderiam ter sido evitados. Os frutos sempre aparecerão. Tudo o que você plantar um dia colherá.

Não se enganem: de Deus não se zomba. Pois aquilo que a pessoa semear, isso também colherá. Quem semeia para a sua própria carne, da carne colherá corrupção; mas quem semeia para o Espírito, do Espírito colherá vida eterna (GÁLATAS 6:7-8).

Deus não quer que nossa vida seja uma farsa. A vida de Davi, apesar de seus erros, não o foi. O Senhor manteve a linhagem de Davi reinando sobre a casa de Judá, e dela procedeu Jesus, chamado de filho de Davi. No entanto, os frutos que Davi colheu em sua vida poderiam ter sido evitados.

Talvez, você possua em seu coração sentimentos que não foram tratados. Deus quer curar seu interior a partir de hoje. Se você, vira e mexe, cai nos mesmos erros, está na hora de ver onde foi que tudo começou e receber a cura que há no nome de Jesus. Você é alguém que nasceu para ir firme até o fim. Você nasceu para ser uma bênção. Então, não permita que algo lá atrás o impeça de manter o que você já conquistou.

O importante é não apenas começar bem, mas também terminar bem. Que você seja curado de sentimentos antigos que podem o impedir de prosseguir em vitória. Se precisar, procure ajuda. Não guarde essas situações, pois elas poderão brotar em sua vida e frutificar para o mal. A falta de perdão, os pecados ocultos, as ações impensadas, um dia, acharão você e prejudicarão seu futuro.

> *Você nasceu para ser uma bênção. Então, não permita que algo lá atrás te impeça de manter o que você já conquistou.*

Há solução? Claro que há! Davi sofreu as consequências, porém, por causa de sua postura humilde diante de Deus, foi chamado de homem com um coração segundo o coração de Deus. Você nasceu para ser livre, para ter uma vida em vitória e para ser mais que vencedor. Portanto, levante-se e destrua aquilo que tem o poder de destruir seu futuro.

A ARTE DE APRENDER

Neste capítulo, aprendemos que:

1. Uma vida de sucesso diante de Deus jamais terá a ver com o que você tem, mas com o que você mantém. Por isso o décimo princípio é sobre manter o que você conquistou.

A ARTE DA VIDA

2. Davi esqueceu-se do seu propósito e se deixou iludir pelas coisas que havia conquistado. Seus erros, que devemos evitar, foram:
   - Pensar que já tinha o bastante
   - Delegar o indelegável
   - Fazer mau uso do seu tempo livre
   - Colocar sua atenção onde não deveria
   - Dar espaço para sua curiosidade
   - Ignorar as respostas obtidas

3. Tudo o que você plantar um dia colherá. Os frutos sempre aparecerão.

4. Não permita que situações não tratadas do passado o impeçam de manter o que você já conquistou.

A ARTE DE REFLETIR

1. Em algum momento, você pensou que já tinha vivido tudo o que tinha para viver? Se sim, você ainda pensa dessa forma?

2. Dos seis erros cometidos por Davi, qual se mostra uma armadilha mais frequente em sua vida?

3. Você possui situações não tratadas em sua história? Que passo pode dar hoje para que elas não se tornem uma ameaça para seu futuro?

CAPÍTULO 11
A ORAÇÃO MAIS PODEROSA DA TERRA

Durante o decorrer do livro, falamos sobre este texto das Escrituras:

E não vivam conforme os padrões deste mundo, mas deixem que Deus os transforme pela renovação da mente, para que possam experimentar qual é a boa, agradável e perfeita vontade de Deus (Romanos 12:2).

Precisamos ter a mente renovada porque o Inimigo sabe o poder que têm os pensamentos. O pensamento errado conduz a sentimentos ruins e a ações horríveis. Lá no início de tudo, quando Caim não conseguiu controlar a raiva que sentiu de seu irmão, Abel, Deus deu um toque nele, que serve para nós até hoje.

A ARTE DA VIDA

Se fizer o que é certo, não é verdade que você será aceito? Mas,
se não fizer o que é certo, eis que o pecado está à porta, à sua
espera. O desejo dele será contra você, mas é necessário que você
o domine (GÊNESIS 4:7).

Todos nós teremos sentimentos ruins. É natural o que sentimos quando somos traídos, ignorados, e até quando levamos uma fechada no trânsito. Faz parte da nossa natureza, pois nascemos assim. Somos de carne e osso e, portanto, temos sentimentos. No entanto, Deus está dizendo: "Mesmo sentindo coisas ruins, você não pode permitir que isso o leve a agir sem pensar". Opa! Isso significa que minhas ações estão ligadas ao que eu permito que entre em minha mente. Se você parar para observar, verá que estamos rodeados de notícias horríveis. Se você se deixar levar por elas, não sairá mais de casa. É exatamente esse o motivo pelo qual Deus deixou em sua Palavra a instrução para não nos conformarmos com este século, com as más notícias, mas para nos transformarmos pela renovação da nossa maneira de pensar. Isso traz uma consequência: "para que possam experimentar qual é a boa, agradável e perfeita vontade de Deus".

Eu sei que este mundo não é feito de algodão, que o fim está próximo, que a maldade tem crescido e que o amor

> *Em outras palavras, sei que o mundo está indo em direção ao fim, mas o fim ainda não chegou. Deus não permitirá que o fim chegue antes de derramar o maior avivamento jamais visto na terra.*

tem esfriado. Sei que as pessoas falam mal umas das outras pelas costas e amam postar indiretas na internet. Sei de tudo isso. Mas, em vez de colocar meu coração nas circunstâncias e ver só o lado sombrio da vida e do ser humano, decidi olhar para um Deus que é bom, justo, que não perde o controle e que não perderá para o Inimigo. Em outras palavras, sei que o mundo está indo em direção ao fim, mas o fim ainda não chegou. Deus não permitirá que o fim chegue antes de derramar o maior avivamento jamais visto na terra.

Deus está preparando pessoas para esse grande avivamento, permitindo pressões de todos os lados para que, quando o avivamento chegar, elas não se percam. Não se engane: por que você acha que a pressão foi tão grande nesses anos de pandemia?

Deus deixou pistas na Bíblia de como ele trabalha. Veja a história de Moisés. Ele foi perseguido desde o nascimento, passou por situações delicadíssimas, mas, quando chegou a hora de cumprir seu propósito, foi um dos homens mais usados por Deus.

O mesmo aconteceu com José. Ele foi traído por todos em quem confiava, foi vendido como escravo por seus próprios irmãos e preso por fazer a coisa certa. Mas quando chegou a hora de cumprir seu propósito, foi usado para salvar a vida de milhares de pessoas.

Com Davi não foi diferente. Ele não contava com a simpatia dos irmãos. Fazia as coisas certas e ninguém o valorizava. Quando começou aparecer um pouco, teve que fugir, porque seu superior começou a ter inveja dele. Quando chegou a hora de cumprir seu propósito, foi o melhor rei que Israel já teve, apesar de suas falhas. Seu legado foi tão poderoso que todos do mundo sabem quem ele foi. Podem até não acreditar no Deus de Israel, mas sabem quem foi o rei Davi. Meu Deus! Será que você não está percebendo ainda? Deus não se esqueceu de você. Ele apenas está o preparando para a hora certa.

> Será que você não está percebendo ainda? Deus não se esqueceu de você. Ele apenas está o preparando para a hora certa.

Como então se manter firme até a hora certa? Como suportar esses ataques? A resposta é uma só: aprendendo e fazendo a oração mais poderosa da terra.

PRINCÍPIO 11:
APROXIME-SE DO PAI EM ORAÇÃO

Ao ver as multidões, Jesus subiu ao monte. Ele se assentou e os seus discípulos se aproximaram dele. Então ele passou a ensiná-los (MATEUS 5:1).

Jesus chamou seus discípulos ao alto de um monte e pediu a eles que se assentassem ao seu lado. Nessa pequena atitude, já há algo que podemos aprender. Jesus viu as multidões, mas chamou os discípulos a um lugar que nem todos querem ir.

Durante a caminhada de Jesus na terra, sempre havia uma multidão o seguindo. Isso fazia parte do seu chamado, pois, quando alguém tem algo de Deus para saciar a

A ORAÇÃO MAIS PODEROSA DA TERRA

fome das pessoas, elas irão ao encontro. Jesus, por onde ia, deparava-se com uma multidão com fome de ouvir o que saía de seus lábios. Mas aqui entra uma questão. É muito legal receber o que todo mundo está recebendo. Jesus sempre alimentará as pessoas que vão até ele apenas para receber. Até hoje as igrejas estão cheias porque as pessoas

> *Não se satisfaça com o que satisfaz uma multidão. Queira ir além e queira subir mais alto.*

querem oração, cura e paz. Não há nada de errado nisso, mas acredito que Deus tem mais para sua vida. Mais do que apenas saciar sua fome e sua sede. Ele quer te revelar segredos que mudarão histórias. E mudar histórias não tem a ver com quantidade, pois a multidão que ouvirá sua mensagem pode ser composta apenas de uma pessoa, mas ela pode fazer diferença no mundo.

A Bíblia conta a história de Ananias, um homem que foi usado por Deus para falar com um jovem chamado Saulo (Atos 9:10-19). Não se ouve mais falar de Ananias, porém Saulo se transformou no grande apóstolo Paulo, e foi tremendamente usado por Deus. Ele escreveu mais da metade do Novo Testamento e até hoje somos ministrados por seus escritos. Eis o que Deus está querendo nos ensinar: não se satisfaça com o que satisfaz uma multidão. Queira ir além e queira subir mais alto.

Jesus levou seus discípulos ao monte, um lugar para onde nem todos querem ir porque dá trabalho. Muitos querem a oração, mas não querem o trabalho de acordar mais cedo para buscar a Deus. Muitos querem a cura, mas não

A ARTE DA VIDA

querem o trabalho de buscar a face do Autor da vida. Ser íntimo de Deus dá trabalho. Não estou invalidando a graça de Deus, porque ela é, bem... De graça! Estou dizendo que ir além requer esforço. E apenas quem quer mais do que oração, cura e conselho se presta ao trabalho de subir ao monte para receber instrução.

Os discípulos subiram e lá receberam um ensino revelador.

1. NÃO USE A RELIGIOSIDADE PARA SE PROMOVER

E, quando orarem, não sejam como os hipócritas, que gostam de orar em pé nas sinagogas e nos cantos das praças, para serem vistos pelos outros. Em verdade lhes digo que eles já receberam a sua recompensa (MATEUS 6:5)

Se você quer ter sua vida mudada, não tente ser quem você não é. O pior testemunho de um cristão no mundo acontece quando essa pessoa que diz professar Jesus age de maneira contrária ao que faz na igreja. Quantos não querem mais saber de ir a reuniões da igreja porque conviveram com gente que dizia uma coisa e vivia outra.

> *Não tente se mostrar como alguém de oração. Seja uma pessoa de oração.*

Muitos usam a religiosidade como forma de autopromoção. Jesus, nesse ensino, não está criticando a oração em público. Ele está dizendo aos seus discípulos para não usarem a oração e outras práticas como meios de autopromoção,

A ORAÇÃO MAIS PODEROSA DA TERRA

de chamar a atenção. Quem ora ou dá ofertas querendo ser louvado e admirado pelas outras pessoas não está interessado em chamar a atenção de Deus, mas dos outros. E isso ela já conseguiu. Mas não fique esperando que Deus responda esse tipo de oração nem se alegre com esse tipo de oferta, porque não foram feitas para ele, mas para os outros.

Não tente se mostrar como alguém de oração. Seja uma pessoa de oração.

2. APRENDA O PODER DO SECRETO COM DEUS

Mas, ao orar, entre no seu quarto e, fechada a porta, ore ao seu Pai, que está em secreto. E o seu Pai, que vê em secreto, lhe dará a recompensa (MATEUS 6:6).

A Bíblia diz que, se tem algo que agrada a Deus, esse algo é a fé: "Sem fé é impossível agradar a Deus" (Hebreus 11:6). Então, quando entro em meu quarto, ou em qualquer lugar em que ninguém está me vendo, e me derramo diante de Deus, isso mostra que creio que ele é tudo de que eu preciso naquele momento. Não preciso da aprovação nem da admiração das pessoas. Preciso apenas que o Pai preste atenção em mim.

Já vi pessoas aproveitando reuniões de oração para mandar indiretas, sabendo que havia alguém no ambiente que poderia suprir aquela necessidade que estava sendo "orada". Não há problema em atender a necessidade que um irmão expressou enquanto orava; nem mesmo em pedir em oração algo de que você precise, se isso está em seu coração. A questão é se você oraria exatamente da mesma forma se estivesse sozinho diante de Deus. No secreto, ou você confia, ou você confia.

3. ENTENDA QUEM DEUS É PARA VOCÊ

Portanto, orem assim: Pai (MATEUS 6:9).

O Diabo sabe o poder desta declaração: "Pai"! Esse é o motivo de tantos ataques à figura paterna nas famílias e na sociedade. Quando alguém tem problemas com seu pai, inconscientemente, transfere esses problemas à pessoa de Deus. Quantas pessoas conheci que conseguiam chamar Deus de tudo, menos de Pai.

Querido leitor, seja lá o que tenha acontecido com seu pai terreno, se você o conheceu ou não, se ele o amou ou não, se ele foi presente ou não, entenda que isso não reflete o caráter de Deus. "Como um pai se compadece de seus filhos, assim o Senhor se compadece dos que o temem" (Salmos 103:13).

> *Deus é seu Pai, e essa é uma chave que você precisa girar.*

Pense na paternidade de Deus da forma como ele a expressou em relação a Jesus. Duas vezes em seu ministério, os céus abriram-se e uma voz disse, diante de todos os

A ORAÇÃO MAIS PODEROSA DA TERRA

presentes: "Este é o meu Filho amado, em quem me agrado" (Mateus 3:17; 17:5).

Deus é seu Pai, e essa é uma chave que você precisa girar. Foi o que eu fiz. Certa vez, eu fiz uma oração e disse: "Puxa, estou bem de pai, hein!". E Deus me disse: "Filho, eu sou seu pai e sou tudo o que você precisa!".

4. COMPREENDA O TAMANHO DA FAMÍLIA DE DEUS

Pai nosso (MATEUS 6:9).

"Nosso" não é o sobrenome do Pai, mas se refere à acessibilidade a Deus. Ou seja, Deus não está preso a uma denominação, a uma linha teológica, nem só aos cristãos. Ele é o Pai da humanidade. "Por essa razão, eu me ponho de joelhos diante do Pai, de quem toda a família, nos céus e na terra, recebe o nome" (Efésios 3:14-15).

Pode ser que nem todos o reconheçam como pai, mas isso não anula a paternidade de Deus. Então, se julgo alguém por não estar na mesma igreja que eu ou por ela não crer da mesma forma que eu, é como se eu estivesse chamando Jesus de mentiroso, dizendo que o Pai não é nosso, mas só de alguns. "Se alguns não creram, será que a incredulidade deles anulará a fidelidade de Deus? De modo nenhum! Seja Deus verdadeiro, e todo ser humano, mentiroso" (Romanos 3:3-4)

> Deus não está preso a uma denominação, a uma linha teológica, nem só aos cristãos. Ele é o Pai da humanidade.

A ARTE DA VIDA

5. ENTENDA A ONIPRESENÇA DE DEUS

... que estás nos céus (MATEUS 6:9).

Embora o Pai seja nosso, Deus não mora ali na esquina. Ele não está limitado a um espaço geográfico. Mas, ao mesmo tempo, não está tão distante que não possa estender sua mão para nos socorrer. Muitos acham que Deus tem mais coisas para fazer do que ouvir e responder suas orações. Deus não mora no Brasil, nem no Havaí, nem na Irlanda do Norte. Ele está acima da geografia.

> *Ele não está limitado a um espaço geográfico. Mas, ao mesmo tempo, não está tão distante que não possa estender sua mão para nos socorrer.*

Assim, não limite o poder de Deus. Não ache que seu poder está limitado a uma caixinha de fósforo, para a qual você olha e diz: "Faça isso! Faça aquilo!".

Deus está muito acima e chega a ponto de saber o que você pensa, mesmo antes de ter falado.

SENHOR, tu me sondas e me conheces.
Sabes quando me sento e quando me levanto; de longe conheces os meus pensamentos.
Observas o meu andar e o meu deitar e conheces todos os meus caminhos.
A palavra ainda nem chegou à minha língua, e tu, SENHOR, já a conheces toda.
Tu me cercas por todos os lados e pões a tua mão sobre mim
(SALMOS 139:1-5).

6. NÃO BRINQUE COM A SANTIDADE DE DEUS

Santificado seja o teu nome (MATEUS 6:9).

Ele é santo e quer que sejamos santos também. "Assim como é santo aquele que os chamou, sejam santos vocês também em tudo o que fizerem, porque está escrito: 'Sejam santos, porque eu sou santo'" (1Pedro 1:15-16).

Isso significa que não podemos brincar com a santidade nem com o nome de Deus. Brincamos com a santidade de Deus quando dizemos que somos cristãos, mas agimos como ímpios. Brincamos com o nome de Deus quando o usamos para fazer negócios com os irmãos, mas agimos de má-fé. Pessoas que agem assim acham que ninguém está vendo e que eles são os espertões.

> *Deus é justo e a base do seu trono é a justiça. Portanto, se você foi enganado por alguém que se fez de bonzinho e usou o nome de Deus, saiba que ele aplicará sua justiça.*

Não conseguem entender, porém, que toda ação terá uma reação e que tudo o que fizeram de mal, abusando da boa-fé das pessoas (porque se dizia cristão), um dia irá alcançá-lo.

Deus é justo e a base do seu trono é a justiça. Portanto, se você foi enganado por alguém que se fez de bonzinho e usou o nome de Deus, saiba que a justiça divina será aplicada. Muito aproveitam os dias difíceis de alguns para falar mal deles nas redes sociais. Pessoas difamam a imagem de seus líderes, pastores e amigos, achando que isso não está ferindo a santidade do nome que essa pessoa carrega.

A ARTE DA VIDA

Tenho aprendido que não preciso usar as redes sociais para me defender ou para tentar provar que sou uma pessoa de Deus. Deus sabe quem eu sou, quem você é! Por isso, não aja sem pensar e não fira o nome de quem te amou e perdoou.

7. ENTENDA O ALCANCE DA SUA INFLUÊNCIA

Venha o teu Reino (MATEUS 6:10).

Somos embaixadores do Reino de Deus na terra. Um embaixador tem uma missão: implantar uma cultura no lugar onde ele habita. Estamos aqui para impactar com o evangelho o lugar em que vivemos e servimos. Então, quer você esteja ministrando atrás de um púlpito ou atrás de uma mesa de escritório, quer esteja envolvido nos esportes, nas artes, na criação dos seus filhos ou na política, a ideia de Deus é que você seja luz e brilhe.

> *Um embaixador tem uma missão: implantar uma cultura no lugar onde ele habita. Estamos aqui para impactar com o evangelho o lugar em que vivemos e servimos.*

Billy Graham certa vez disse: "Todos nascemos para ser luz! Então, quer você seja um holofote e alcance muitas pessoas, quer seja apenas uma vela, entenda que foi chamado para iluminar as pessoas ao seu redor, independentemente de quantas elas são". Não espere ser promovido para fazer a diferença. Faça a diferença a partir de onde você se encontra hoje.

8. RECONHEÇA QUE A VONTADE DE DEUS PARA SUA VIDA É A MELHOR

Seja feita a tua vontade, assim na terra como no céu
(MATEUS 6:10).

Entenda o poder desta revelação: "Os teus olhos viram a minha substância ainda informe, e no teu livro foram escritos todos os meus dias, cada um deles escrito e determinado, quando nem um deles ainda existia" (Salmos 139:16).

Quando você nasceu, independentemente da vontade de seus pais, Deus escreveu uma história para sua vida. Essa história existe, quer você aceite, quer não. A questão é que muitos escolhem não buscar essa vontade e encontram frustrações durante seu caminho, pois se veem lutando contra Deus. "Há muitos planos no coração do ser humano, mas o propósito do Senhor permanecerá" (Provérbios 19:21).

> *Quando você nasceu, independentemente da vontade de seus pais, Deus escreveu uma história para sua vida. Essa história existe, quer você aceite, quer não.*

A questão não é apenas viver, mas viver a vontade daquele que o criou. Pare para pensar. Por que você é tão diferente de todo mundo? Por que você gosta do que gosta? Você já ousou perguntar para Deus por que você é assim? Eu comecei a gostar de skate mesmo antes de me converter. Comecei a desenhar antes de entender que as artes

A ARTE DA VIDA

faziam parte do meu chamado. Sempre gostei de aparecer em câmeras, porque, para conseguir patrocínio, precisava falar diante delas. Um dia, aceitei a Jesus como meu Salvador e entreguei minha vida a ele. Foi apenas mais tarde que entendi esse conceito e resolvi aceitar sua vontade para minha vida. Entendi que o skate já fazia parte do seu plano para mim. Entendi que precisava ter uma mente artística, que não poderia ter vergonha diante das câmeras e que precisava aprender a falar para cinco, dez, cem, mil pessoas.

> *Deus tem riquezas escondidas para dar aos seus, mas precisamos aprender a multiplicar o que ele tem nos dado.*

Deus já havia me desenhado para ser quem sou e para ter o ministério que tenho. Eu poderia ter escolhido ser um protético, quando fiquei entre fazer um curso de desenho ou um curso de prótese dentária. Poderia ser um atleta aposentado vivendo fora do país, quando tive de escolher entre continuar competindo ou abrir mão de um sonho para viver algo que ainda não sabia o que era. No fim, entendi que, se Deus tinha escrito uma história, eu precisava aceitá-la.

9. ENTENDA QUE DEUS TEM RECURSOS ILIMITADOS

O pão nosso de cada dia nos dá hoje (MATEUS 6:11).

Em outras palavras, o texto está dizendo: "O pão nosso, que é para cada dia, me dá hoje". Isso tem a ver com mordomia, ou seja, a capacidade de gerir os recursos que o Senhor tem entregado, a fim de que eu tenha hoje e consiga multiplicá-los para o amanhã.

Entenda algo, o pão jamais faltará. Deus tem riquezas escondidas para dar aos seus, mas precisamos aprender a multiplicar o que ele tem nos dado. E ele nos dá conforme nossa capacidade: "Pois será como um homem que, ausentando-se do país, chamou os seus servos e lhes confiou os seus bens. A um deu cinco talentos, a outro, dois e a outro, um, a cada um segundo a sua própria capacidade; e, então, partiu" (Mateus 25:14-15).

O que Deus espera é que não nos acomodemos com o que ele tem nos dado, ele quer que ajamos com sabedoria, multiplicando o que está em nossas mãos.

10. APRENDA QUE ANTES DE SER JUIZ, DEUS É PAI

e perdoa-nos as nossas dívidas (MATEUS 6:12).

Quando parei para ver isso, percebi que haviam me ensinado errado. Me disseram que eu deveria começar minhas orações pedindo perdão a Deus. Mas Jesus está dizendo que a sequência é outra. Ele me ensina que preciso, em primeiro lugar, reconhecer sua paternidade quando digo "Pa-Nosso". Depois, entender que ele tem todo o poder nos céus e na terra. Devo declarar que ele é santo e buscar viver a vontade que ele tem para minha vida. Aí, preciso agradecer pelo sustento e buscar multiplicar o que ele tem me dado. Só então devo pedir perdão pelos meus erros. Por quê?

A ARTE DA VIDA

Quando começo pelo perdão, estou dizendo que, antes de Deus ser meu Pai, ele é juiz. Mas Jesus ensina que, ainda que Deus seja juiz, ele é, antes de tudo, nosso pai.

A religião ensina as pessoas a terem medo de Deus e a vê-lo como juiz. Jesus, porém, diz para não termos medo de quem nos ama. "No amor não existe medo; pelo contrário, o perfeito amor lança fora o medo" (1João 4:18).

Precisamos aprender a diferença entre medo e temor. A religião gera o medo, mas Jesus nos mostra que o temor sim é saudável. "O temor do SENHOR é o princípio da sabedoria; conhecer o Santo é ter entendimento" (Provérbios 9:10).

> *Quando começo pelo perdão, estou dizendo que, antes de Deus ser meu Pai, ele é juiz. Mas Jesus ensina que, ainda que Deus seja juiz, ele é, antes de tudo, nosso pai.*

Aprenda a inverter a ordem da sua oração e entenda que tudo começa com o amor que Deus tem por você. Acredite, ele é seu pai, o Todo-Poderoso, o santo que tem uma vontade boa, perfeita e agradável para você. Ele te sustenta e lhe dá condições de prosperar. Ele perdoa seus erros e livra você do mal através da ajuda do Espírito Santo.

A CHAVE DA ARTE DA VIDA

Essa é a oração mais poderosa da terra. Pare de inventar a roda, buscando formas inovadoras de acessar Deus. Jesus é o Filho de Deus, ele fez o que era necessário ser feito para termos acesso ao Pai e nos ensinou como agir e orar em dias difíceis.

Se há algo que você precisa inovar em seu coração é entender que você não é órfão nem está sozinho no mundo. Deus é seu pai e cuida de você, mesmo antes do seu nascimento. Aceite essa paternidade em seu coração e entenda que só assim você dominará a arte da vida.

A ARTE DE APRENDER

Neste capítulo, aprendemos que:

1. Precisamos deixar que nossa mente seja renovada pelo poder do evangelho, uma vez que pensamentos redimidos levam a sentimentos e ações que honram a Deus.

2. A intimidade com Deus é muito mais valiosa do que as bênçãos que ele pode nos conceder.

3. Agir de uma forma não condizente com aquilo que professamos é uma grave ofensa ao nome de Deus e à sua santidade.

A ARTE DE REFLETIR

1. Quais pensamentos ruins assolam sua mente com mais frequência? Reflita como esses pensamentos afetaram seus sentimentos e suas atitudes.

2. De que maneira as histórias de Moisés, José e Davi mostram a soberania de Deus em meio a situações difíceis?

A ARTE DA VIDA

3. Alguma vez você já sentiu que Deus, de certa forma, "pertence" apenas à sua denominação ou grupo religioso? Como o entendimento da oração do Pai-"Nosso" pode mudar sua percepção a esse respeito?

4. Como é possível conciliar as verdades de que Deus é bom e amoroso, mas também justo?

5. De quais formas podemos agir como embaixadores de Deus na terra?

6. Qual a diferença entre ter medo de Deus e temer a Deus?

CONCLUSÃO

Chegamos ao final desta jornada! Mas, antes de encerrar, acredito que vale a pena recapitular os princípios sobre os quais aprendemos durante a leitura. Logo no início, falamos sobre a importância da **VISÃO**, ou seja, como podemos desenvolver a capacidade de sempre enxergar além das nossas circunstâncias e de como isso pode nos ajudar a **SUPERAR TODOS OS DESAFIOS** que são colocados em nossa vida. Para vencer esses obstáculos, é necessário que o cristão, assim como José, seja **INTENCIONAL** em tudo aquilo que faz e dê sempre o seu melhor, independentemente da situação que se encontre. Lembre-se de que José, ao ser vendido como escravo, fez o seu melhor na casa de Potifar e que, quando foi preso injustamente, também fez o seu melhor na prisão. Em resumo, é neces-

A ARTE DA VIDA

sário sempre buscar a excelência em tudo aquilo que fazemos: "Tudo o que fizerem, façam de todo o coração, como para o Senhor e não para as pessoas" (Colossenses 3:23).

No entanto, ao lidar com situações difíceis que certamente surgirão em nossa vida, precisamos ter a **PERSPECTIVA CORRETA** sobre cada situação, a fim de enxergar os desafios como oportunidades de preparação para o nosso propósito. Mas é claro que eu sei que isso não é fácil, ainda mais quando temos de lidar com situações com as quais não queríamos lidar. Nessas horas o importante é **NÃO PERDER O CONTROLE.** Paradoxalmente, isso só ocorre quando aprendemos a nos sujeitar a Deus e a ouvir sua voz. É somente a voz de Deus que nos revela quem de fato somos; ele nos fez de forma única e quer usar os dons e talentos que ele nos concedeu em prol do seu Reino. Precisamos enxergar nossa singularidade e **PROTEGER AQUILO QUE NOS FAZ ÚNICOS** — quando entendemos quem somos em Deus e quem ele é para nós, conseguimos não só ler um livro como esse, mas também acreditar que sim, é possível ter uma vida boa, perfeita e agradável. Essa nova vida é **VIVIDA NO PODER DO ESPÍRITO,** aquele que nos habilita a sermos verdadeiros embaixadores de Cristo na terra.

Contudo, viver uma vida guiada — como ressaltei ao longo de todo este livro — não nos isenta dos momentos difíceis. São momentos assim que muitas vezes nos deixam inseguros em relação ao propósito de Deus para nossa vida e é por isso que precisamos aprender a nos **REANIMAR SEMPRE NO SENHOR,** principalmente por meio da oração, clamando a Deus para que ele nos mostre a direção a se-

CONCLUSÃO

guir. Como mencionei anteriormente, fomos feitos para nos levantarmos após uma crise e seguir em frente, porém, sem oração, mesmo de pé, poderemos nos ver sem rumo. Quando oramos, Deus mostra-nos a direção a seguir, mas ele também espera uma atitude de nossa parte, um **MOVIMENTO**. Esse é o exemplo que o próprio Mestre nos dá: Jesus tinha uma missão e não ficava parado. Foi assim que ele conseguiu fazer com que as pessoas o seguissem, ou seja, estando em movimento, trabalhando, ensinando...Em resumo, o movimento é o estilo de vida daquele que professamos como Mestre e Senhor e, quando nos movemos em fé, ele nos leva até lugares e situações em que podemos cumprir o chamado que nos deu. Deus tem um estilo de vida maravilhoso para mim e para você. Não será um estilo de vida sem situações delicadas, no entanto será uma vida de aventuras, que nos capacitarão para vencer cada um dos dias maus pelo caminho.

Os princípios ensinados através deste livro só surtirão efeito se você entendê-los e aplicá-los em sua vida. Por isso, espero que cada página tenha ministrado ao seu coração. Acredite, você não participou dessa jornada à toa. Há um propósito divino para isso. Aplique e compartilhe esses princípios com as pessoas que ama, pois, quando aprendemos determinada arte, a parte mais legal é apresentá-la para os outros.

Que o Senhor o abençoe tremendamente e use cada princípio para ministrar sua vida em meio a todos aqueles com os quais você compartilha seus dias. Até a próxima!

Este livro foi impresso pela Cruzado, em 2022,
para a Thomas Nelson Brasil. O papel do miolo é
pólen bold 90m/g^2, e o da capa é cartão 250m/g^2.